Condiciones propicias para el financiamiento y la inversión en bioenergía en Colombia

OCDE
MEJORES POLÍTICAS PARA UNA VIDA MEJOR

El presente trabajo se publica bajo la responsabilidad del Secretario General de la OCDE. Las opiniones expresadas y los argumentos utilizados en el mismo no reflejan necesariamente el punto de vista oficial de los Países miembros de la OCDE.

Tanto este documento, así como cualquier dato y cualquier mapa que se incluya en él, se entenderán sin perjuicio respecto al estatus o la soberanía de cualquier territorio, a la delimitación de fronteras y límites internacionales, ni al nombre de cualquier territorio, ciudad o área.

Los datos estadísticos para Israel son suministrados por y bajo la responsabilidad de las autoridades israelíes competentes. El uso de estos datos por la OCDE es sin perjuicio del estatuto de los Altos del Golán, Jerusalén Este y los asentamientos israelíes en Cisjordania bajo los términos del derecho internacional.

Nota de Turquía
La información del presente documento en relación con "Chipre" se refiere a la parte sur de la Isla. No existe una sola autoridad que represente en conjunto a las comunidades turcochipriota y grecochipriota de la Isla. Turquía reconoce a la República Turca del Norte de Chipre (RTNC). Mientras no haya una solución duradera y equitativa en el marco de las Naciones Unidas, Turquía mantendrá su postura frente al "tema de Chipre".

Nota de todos los Estados Miembros de la Unión Europea que pertenecen a la OCDE y de la Unión Europea
Todos los miembros de las Naciones Unidas, con excepción de Turquía, reconocen a la República de Chipre. La información contenida en el presente documento se refiere a la zona sobre la cual el Gobierno de la República de Chipre tiene control efectivo.

Por favor, cite esta publicación de la siguiente manera:
OECD (2022), *Condiciones propicias para el financiamiento y la inversión en bioenergía en Colombia*, OECD Publishing, Paris, https://doi.org/10.1787/e5c91d04-es.

ISBN 978-92-64-49284-4 (impresa)
ISBN 978-92-64-36331-1 (pdf)

Imágenes: Portada © Jess Kraft/Shutterstock.com.

Las erratas de las publicaciones se encuentran en línea en: www.oecd.org/about/publishing/corrigenda.htm.

Prefacio

Colombia ha asumido un papel de liderazgo en la acción climática en América Latina y el Caribe, comprometiéndose a reducir las emisiones en un 51% en comparación con los niveles de 2014 para 2030. Igualmente, el gobierno ha impulsado sus agendas ambientales y climáticas con medidas como la política de Crecimiento Verde de 2018, la Estrategia de Economía Circular de 2019, y la Ley de Transición Energética de 2021.

La energía renovable puede y desempeñará un papel vital para satisfacer los objetivos de economía verde de Colombia. El país tiene la suerte de tener un abundante potencial de recursos renovables que puede aumentar el acceso a energía asequible y confiable que beneficia a todos los ciudadanos y, al mismo tiempo, diversifica la combinación de energía la matriz energética del país para mejorar la seguridad energética. La energía renovable puede igualmente complementar la impresionante capacidad hidroeléctrica de Colombia, la cual se ve cada vez más afectada por los crecientes impactos del cambio climático.

Los proyectos de energía renovable, como los desarrollos solares y eólicos, ya han atraído un notable interés de los inversionistas desde las primeras subastas de electricidad renovable del país en el año 2019. La bioenergía se destaca como una oportunidad estratégica, aprovechando los residuos y desechos de las actividades agrícolas, industriales y municipales. Las soluciones de bioenergía pueden igualmente ayudar al logro de otros objetivos de política, como reducir la cantidad de desechos que van a los rellenos sanitarios de Colombia y aumentar la productividad general de la agroindustria del país.

Este informe respalda los esfuerzos para lograr las ambiciones de energía limpia del país a través de medidas que puedan fortalecer las oportunidades para el desarrollo de la bioenergía. El informe evalúa el entorno político actual para los proyectos de bioenergía, poniendo en relieve las barreras del mercado e identificando soluciones que pueden ayudar a aumentar la financiación y la inversión en estas oportunidades. El informe contiene también cinco estudios de caso sobre experiencias en otros países que pueden servir como ejemplos y lecciones aprendidas para avances similares en Colombia.

El trabajo realizado para elaborar esta publicación es el resultado del estrecho compromiso entre la OCDE y el gobierno de Colombia. Confío en que este esfuerzo colaborativo ayudará a implementar políticas nacionales que movilicen financiamiento e inversión en proyectos de bioenergía en Colombia. También espero que este informe sirva como punto de partida para los diálogos con otros países de América Latina y el Caribe para compartir experiencias y buenas prácticas sobre formas de desbloquear el financiamiento y la inversión para soluciones de energía limpia como la bioenergía.

Mathias Cormann
Secretary-General, OECD

Prólogo

Condiciones propicias para el financiamiento y la inversión en bioenergía en Colombia es un resultado de la asociación de colaboración entre el Gobierno de Colombia y el programa de Movilización de Inversiones y Financiamiento de Energía Limpia (CEFIM) de la OCDE. El programa CEFIM tiene como objetivo ayudar a los gobiernos en las economías emergentes a desbloquear la financiación y la inversión en electricidad renovable y en eficiencia energética ("energía limpia").

La OCDE quisiera agradecer al Gobierno de Colombia por su cooperación al proporcionar información para este informe. Un agradecimiento especial al Ministerio de Minas y Energía, que es el punto focal de CEFIM en Colombia y que brindó aportes y comentarios invaluables para este informe. CEFIM quisiera igualmente expresar nuestro agradecimiento a los que contribuyeron con los cinco casos de estudio en este informe, son ellos: Jorge Casas de Manuelita, Colombia; Daniel Alves de Mattos de la Asociación Brasileña de Cemento Portland (Associação Brasileira de Cimento Portland, ABCP); Gonzalo Visedo del Sindicato Nacional de la Industria del Cemento de Brasil (Sindicato Nacional da Indústria do Cimento, SNIC); Sezin Hizli de ENERGOM, Turquía; Oliver Luedtke de Verbio, Alemania; y Gerardo Canales González de Implementasur, Chile.

Lylah Davies y John Dulac de la Dirección de Medio Ambiente de la OCDE dirigieron este proyecto y fueron los principales autores de este informe. Cecilia Tam, Líder del Equipo del Programa CEFIM, supervisó el proyecto. Dominique Haleva brindó apoyo administrativo y corrección de textos. Este informe es un resultado del Comité de Política Ambiental de la OCDE y su Grupo de Trabajo sobre Inversión Climática y Desarrollo. El informe se llevó a cabo bajo responsabilidad general de Walid Oueslati, Director Interino de la División de Resiliencia y Transiciones Ambientales.

Este proyecto se benefició del apoyo en el país, en particular a través María Carolina Garzón Sánchez, Asesora para Asuntos Internacionales del Ministerio de Minas y Energía de Colombia, quien coordinó la revisión y los comentarios de varios departamentos dentro del Gobierno de Colombia. El informe fue revisado y recibió retroalimentación de Jorge Carbonell de la Secretaría de la OCDE y de Alejandro Hernández, Paolo Frankl and Jeremy Moorhouse de la Agencia Internacional de Energía. Varios expertos brindaron revisión, entre ellos: Rubén Contreras de la Comisión Económica de las Naciones Unidas para América Latina y el Caribe (CEPAL); Catalina Cano Zapata y Santiago Abraham Montoya Tamayo de Bancolombia; Yineth Piñeros de la Universidad Jorge Tadeo Lozano, José María Rincón de la Universidad Nacional de Colombia; y Ángela Cadena de la Universidad de los Andes.

Este informe fue posible gracias a una generosa financiación de Dinamarca.

Tabla de contenido

Tablas

Figuras

Ricuardos

Follow OECD Publications on:

http://twitter.com/OECD_Pubs

http://www.facebook.com/OECDPublications

http://www.linkedin.com/groups/OECD-Publications-4645871

http://www.youtube.com/oecdilibrary

http://www.oecd.org/oecddirect/

This book has...

StatLinks

A service that delivers Excel® files from the printed page!

Look for the *StatLinks* at the bottom of the tables or graphs in this book. To download the matching Excel® spreadsheet, just type the link into your Internet browser, starting with the ***https://doi.org*** prefix, or click on the link from the e-book edition.

Abreviaturas y siglas

ABCP	Asociación Brasileña de Cemento Portland (Associação Brasileira de Cimento Portland)
Asocaña	Asociación de Cultivadores de Caña de Azúcar
AUD	Dólar australiano
CBG	Biogás comprimido
CICC	Comisión Intersectorial de Cambio Climático
CNG	Gas natural comprimido
CO_2	Dióxido de carbono
CONAMA	Consejo Nacional del Medio Ambiente (Conselho Nacional do Meio Ambiente), Brasil
CONPES	Consejo Nacional de Política Económica y Social
CREG	Comisión de Regulación de Energía y Gas
DNP	Departamento Nacional de Planeación
EIT	Instituto Europeo de Innovación y Tecnología
ENRO	Estrategia Nacional de Residuos Orgánicos, Chile
EUR	Euro
FDI	Inversión extranjera directa
FENOGE	Fondo de Energías No Convencionales y Gestión Eficiente de la Energía
Findeter	Financiera De Desarrollo Territorial
g	gramos
GDP	Producto Interno Bruto (PIB)
GHG	Emisión de gases de efecto invernadero
GW	gigawatio
GWh	gigawatio-hora
IDCOL	Infrastructure Development Company Limited (Bangladesh)
INR	Rupia India
IPSE	Instituto de Planificación y Promoción de Soluciones Energéticas para Zonas No Interconectadas
kWh	kilovatio-hora
LNG	Gas natural liquidificado
m^2	Metro cuadrado
MADS	Ministerio de Ambiente y Desarrollo Sostenible
MENR	Ministry of Energy and Natural Resources (Turkey) Ministerio de Energía y Recursos Naturales de Turquia
MJ	Megajulio
MME	Ministerio de Minas y Energía
MNRE	Ministry of New and Renewable Energy, India - Ministerio de Energias Nuevas y Renovables de India
MSW	Deshechos sólidos municipales
Mtoe	million tonnes of oil equivalent
MW	Megavatio
MWh	megavatio-hora
MRV	medición, reporte y verificación
NAMA	Nationally Appropriate Mitigation Action - Acción De Mitigación Apropiada a Nivel Nacional
NCRE	Energía renovable no convencional
NDC	Nationally Determined Contribution - Contribución Determinada a Nivel Nacional
PEN	Plan Energético Nacional
PNRS	Política Nacional de Residuos Sólidos de Brasil
PPA	Contrato de compra de energía
PPP	Asociación Publico Privada
PROURE	Programme for the Rational and Efficient Use of Energy and other NCRE (non-conventional renewable energy)
PV	fotovoltaico

REAP	Renewable Energy Action Plan (Turkey) – Plan de Acción de Energía Renovable (Turquia)
REC	Certificado de energía renovable
RDF	Refuse-derived fuel - combustible derivado de residuos
RERED	Rural Electrification and Renewable Energy Development - Electrificación Rural y Desarrollo de Energía Renovable
SDG - ODS	Objetivos de Desarrollo Sostenible
SISCLIMA	Sistema Nacional de Cambio Climático
SNIC	Sindicato Nacional de la Industrial del Cemento de Brasil (Sindicato Nacional da Indústria do Cimento)
TWh	Teravatio-hora
UPME	Unidad de Planeación Minero Energética
USD	Dólar de los Estados Unidos
YEKDEM	Mecanismo de Apoyo de Energía Renovable (Yenilenebilir Enerji Kaynakları Destekleme Mekanizması)
ZNI	Zonas no interconectadas

Resumen ejecutivo

Colombia es un país con abundantes recursos energéticos, incluyendo no solamente combustibles fósiles sino también una importante capacidad hidráulica y un potencial substancial de energía renovable. Sin embargo, la disminución en las reservas de petróleo y gas natural, junto con el aumento en la intensidad de los eventos de "El Niño" y otros impactos de cambio climático en las instalaciones de energía hidráulica, están causando mucha presión sobre la capacidad del país de garantizar una energía segura, confiable y económica. El compromiso con las acciones climáticas, incluyendo la Contribución Determinada a Nivel Nacional (NDC por su sigla en inglés) bajo el Acuerdo de Paris, requieren igualmente medidas para desbloquear la transición de energías limpias en Colombia con el fin de lograr unas substanciales reducciones de emisiones de gases de efecto invernadero (GEI) en el país.

Las políticas estratégicas han establecido la necesidad de desarrollar energía limpia

El gobierno, con el fin de alcanzar sus ambiciones de energía limpia y permitir la movilización necesaria de financiación e inversión para estas soluciones, ha establecido una serie de importantes estrategias de política, incluyendo la Política de Crecimiento Verde de 2018, la Estrategia Nacional de Economía Circular de 2019 y la próxima Política de Transición de Energía de 2021. Todas estas políticas de alto nivel notan el papel que pueden desempeñar estas soluciones de energía limpia al apoyar los objetivos de descarbonización, al tiempo que alcanzan un buen número de ambiciones socioeconómicas, incluyendo el mejoramiento en la confiabilidad del suministro de energía, reducción en la dependencia de importaciones de energía y mejor acceso a energía económica y confiable en áreas que no están conectadas a la red nacional de electricidad.

Las soluciones de bioenergía pueden jugar un papel clave para alcanzar las ambiciones de energía limpia del país.

La bioenergía puede jugar un papel estratégico para alcanzar múltiples objetivos de política, teniendo en cuenta las oportunidades de emplear residuos y desechos de actividades agrícolas, industriales y municipales para la producción de energía limpia. Hasta la fecha los desarrollos se han concentrado en biocombustibles para transporte y en un menor grado el uso de bagazo para cogeneración de electricidad y calor en las industrias de azúcar y palma, pero queda un considerable potencial no explotado para el uso de otros residuos agrícolas y flujos desechos de actividades industriales y municipales, con potenciales beneficios ambientales adicionales al reducir la cantidad de desechos que van a los rellenos sanitarios del país bastante antiguos y con capacidad limitada. Para desbloquear estas oportunidades se requieren más acciones políticas para fomentar la generación de energía limpia a partir de desechos y residuos, particularmente porque estos proyectos pueden ser de una naturaleza más difícil dada la compleja cadena de abastecimiento, clasificación y tratamiento de desechos. El apoyo a la innovación y a la capacidad técnica local pueden igualmente ayudar a desarrollar soluciones adecuadas para el contexto colombiano.

Unos objetivos más claros en la planificación energética señalarán las perspectivas para el desarrollo de la bioenergía

Se requiere una acción estratégica si Colombia quiere desbloquear su considerable potencial de recursos de bioenergía, donde la expansión de oportunidades para esas soluciones requiere una visión más profunda sobre el papel que pueden jugar las tecnologías de bioenergía en la transición energética del país durante la próxima década y más allá. Los recientes desarrollos, como las primeras subastas de energía renovable del país en el 2019, destacaron el claro interés de los actores nacionales e internacionales en participar en el mercado de energía limpia de Colombia. Sin embargo, abrir la puerta a una mayor financiación e inversión en adiciones de bioenergía, particularmente frente a la caída de los precios de la energía solar y la eólica, requerirá medidas más específicas para ver niveles similares de compromiso por parte de los desarrolladores de proyectos e inversionistas.

En particular, las oportunidades para los proyectos de bioenergía deben reflejarse más claramente en la política del mercado energético, en las regulaciones y en el diseño del mercado de electricidad. Por ejemplo, los planes actuales de expansión eléctrica no reflejan en forma adecuada las prioridades políticas nacionales, como la Estrategia de Bioeconomía del 2020 y la dependencia en la fuente de adiciones planeadas de capacidad para el desarrollo de esos planes no tiene en cuenta el potencial tecnológico-económico de las soluciones de bioenergía para satisfacer las ambiciones estratégicas de política del gobierno. Los planes actuales tampoco destacan el papel que puede desempeñar la bioenergía, por ejemplo, a través de energía despachable y disponible 24 horas, para respaldar un mayor despliegue de fuentes de electricidad renovables y variables.

Los primeros desarrollos de bioenergía señalan la importancia de una guía regulatoria coherente

Las reglas y regulaciones sobre el acceso al mercado de electricidad en un mercado vastamente integrado, que obliga a una alta dependencia de la voluntad de los minoristas de conectar proyecto de generación distribuida, crean barreras críticas para las adiciones de capacidad de bioenergía. Podemos extraer lecciones útiles de las experiencias de las últimas dos décadas con la cogeneración de caña de azúcar y de aceite de palma, las cuales se han beneficiado enormemente de las reformas regulatorias y los incentivos del mercado. Estas medidas permitieron un modelo comercial más claro para esas industrias, resultando en un aumento de casi seis veces en las ventas de electricidad de la cogeneración conectada a la red entre el 2000 y el 2017.

El marco sólido de Colombia para la recolección y disposición de desechos puede fortalecerse para promover una mayor clasificación, tratamiento, reciclaje y reutilización de los flujos de desechos, desarrollando las recomendaciones de la adhesión del país a la OCDE. La falta de incentivos en el marco regulatorio actual se suma a los desafíos para el desarrollo de la bioenergía, ya que las tarifas de los rellenos sanitarios son bajas y el marco existente no fomenta vías alternas para el tratamiento de desechos, a pesar de los llamados a reducir la disposición de desechos. El número de actores, autoridades y regulaciones que influyen en la conversión de residuos en energía también dificulta el desarrollo de tales aplicaciones.

Mejor acceso a financiación asequible ayudará a bajar el costo de los proyectos de bioenergía

Los flujos de financiamiento verde continúan creciendo en Colombia, gracias a las reformas en curso en el mercado de capitales y al marco emergente de financiamiento sostenible del gobierno. Sin embargo, el acceso a la financiación es una barrera critica para muchos proyectos de bioenergía, especialmente para pequeños jugadores, quienes además de la experiencia limitada con las tecnologías de bioenergía carecen a menudo también de una historia crediticia suficiente para obtener un préstamo para el proyecto. La falta de familiaridad de los prestamistas con este tipo de proyectos y las percepciones generales de riesgo por parte de los actores financieros también significan que el costo de la financiación suele ser alto, aún para los actores más establecidos, como los cogeneradores de caña de azúcar, que aún pueden depender de las líneas de crédito corporativas para financiar las adiciones de capacidad. El apoyo específico, como acuerdos de microfinanciamiento con instituciones financieras locales y el uso de mecanismos de eliminación de riesgos para abordar los riesgos del proyecto, permitirán mejores condiciones de financiamiento para los proyectos y aumentarán el atractivo de las soluciones de bioenergía en el mercado.

Acciones para desbloquear la oportunidad de desarrollo sostenible de bioenergía

El gobierno de Colombia puede tomar una serie de acciones para permitir un ambiente que lleve a la financiación e inversión en bioenergía, construyendo por un lado medidas que apoyen los desarrollos de bioenergía en las industrias de azúcar y palma y por el otro desarrollando ideas y lecciones aprendidas de las experiencias de otros países, como por ejemplo aquellas relativas a los proyectos de bioenergía señalados en los estudios de caso anexos al presente informe.

Las acciones recomendadas incluyen el establecimiento de objetivos claros para adiciones de capacidad de bioenergía y planes de mercado de electricidad, al tiempo que se mejora la coordinación institucional para asegurarse que las oportunidades de desarrollo de bioenergía estén claramente reflejadas en las políticas públicas y económicas relacionadas. El fortalecimiento de las señales del mercado como aumentos progresivos en las tarifas pagadas en los rellenos sanitarios por los productores de desechos, que siguen siendo bajas en comparación con otros países de la OCDE, mejorará igualmente la economía de la clasificación, tratamiento y recuperación de desechos para la producción de energía, proporcionando el incentivo necesario para que los negocios y la industria busquen vías alternas para la disposición de desechos.

Las medidas regulatorias que se basan en reformas anteriores que liberalizan el mercado de electricidad también deben abordar la influencia de los operadores tradicionales y buscar aumentar la equidad general y el acceso no discriminatorio a la red, puesto que las reglas actuales pueden limitar las oportunidades para algunas tecnologías de energía renovable. Por ejemplo, resolviendo las limitaciones en acuerdos bilaterales, especialmente para los tamaños de generación más pequeños, proporcionando una guía más clara sobre los arreglos de transmisión de energía lo que ayudará a facilitar que las empresas ofrezcan y busquen generación de electricidad limpia. El gobierno también debería revisar sus estándares de energía renovable, dado que aún no brindan a los minoristas suficientes incentivos para trabajar con autogeneradores, cogeneradores y consumidores no regulados que podrían aumentar la capacidad general de bioenergía en el mercado.

El gobierno puede también trabajar con partes interesadas financieras, construyendo sobre fondos existentes como "Findeter" financiando proyectos de infraestructura local y municipal, para evaluar oportunidades para implementar medidas financieras específicas que aumenten los flujos de capital para proyectos de bioenergía. Esto puede incluir el empleo de herramientas de eliminación de riesgo como garantías y créditos concesionales, para fomentar un mejor acceso a la financiación y abordar los riesgos en los préstamos para proyectos de bioenergía. El gobierno puede también buscar oportunidades de financiamiento combinado con fondos de desarrollo y financiamiento climático para orientar el apoyo público de una manera que catalice el capital privado en estos proyectos.

Finalmente, la capacitación y el desarrollo de capacidades, junto con el apoyo público para tecnologías y modelos de negocios nuevos e innovadores, pueden ayudar a desarrollar una línea fuerte de soluciones de bioenergía adaptadas al contexto colombiano. Trabajar con partes interesadas nacionales como el Centro Nacional de Producción más Limpia y Tecnologías Ambientales de Colombia puede generar conciencia en el mercado y habilitar la capacidad técnica para implementar proyectos de bioenergía, al tiempo que se mejoran la eficiencia de los recursos y la economía circular en sectores económicos importantes como la industria y la agricultura. La participación de las partes interesadas ayudará igualmente a identificar oportunidades para acciones políticas e incentivos de mercado que reduzcan las barreras para el desarrollo de la bioenergía y fomenten la participación activa del capital privado en estos proyectos.

1 Tendencias del sector energético y perspectivas de energía limpia

Colombia depende en gran medida en los combustibles fósiles para satisfacer sus necesidades de energía, pero la disminución de las reservas internas de petróleo y gas está contribuyendo a una creciente demanda de importaciones de energía. Esto se evidencia por una mayor dependencia de los insumos de combustibles fósiles para la generación de energía, a pesar de las importantes instalaciones hidroeléctricas del país. Las sequías y las limitaciones de los recursos hídricos también han resaltado la necesidad de diversificar la matriz energética de Colombia, y las primeras subastas de energía renovable en 2019 y en 2021 llamaron la atención sobre los considerables recursos solares y eólicos del país. Las oportunidades de bioenergía, por el contrario, siguen sin aprovecharse en gran medida, a pesar de la considerable materia prima disponible. Se necesitan intervenciones de políticas específicas para cumplir con las ambiciones políticas de desbloquear este potencial, que también proporcionará otros beneficios, como la reducción de desechos en los rellenos sanitarios, la mitigación de emisiones y la capacidad de suministrar electricidad local y confiable.

Introducción

Colombia ha logrado un progreso socioeconómico considerable durante las últimas dos décadas y es la cuarta economía más grande de América Latina. El producto interno bruto (PIB) per cápita creció diez veces desde 1990, respaldado en particular por las exportaciones de recursos naturales como el carbón, petróleo crudo, gemas, metales preciosos, mineral de hierro (incluyendo exportaciones de acero manufacturado) y productos agrícolas como el azúcar, café y frutas (WITS, 2021[1]). Los avances en los acuerdos comerciales, los desarrollos de infraestructura como los puertos de alto calado de Colombia y las reformas de políticas que permiten un régimen legal fuerte para las empresas han contribuido también al crecimiento económico, al igual que la ventaja geográfica que tiene el país como puerta de entrada hacia y desde Centroamérica. Estos factores, entre otros, han hecho de Colombia un destino atractivo para la inversión (ITA, 2021[2]).

La inversión extranjera directa (IED) como porcentaje del PIB se duplicó a un 4.4% entre el 2010 y el 2019, representando más de USD 14 mil millones ese año (World Bank, 2021[3]). Esta se ha destinado en gran medida a las industrias extractivas (es decir, combustibles fósiles y minería), aunque la IED en servicios financieros, tecnologías de la comunicación y energía limpia ha crecido sustancialmente desde mediados de la década de 2020. Por ejemplo, la IED en desarrollo de energía renovable se multiplicó por ocho entre 2018 y 2021, de siete proyectos por valor de USD 446 millones en 2018 a 24 proyectos por valor de USD 3.800 millones en 2020 (EFE, 2021[4]). Este crecimiento fue respaldado, en parte, por los esfuerzos del gobierno para promover el considerable potencial de energía renovable de Colombia, por ejemplo, a través de la agencia estatal de promoción, ProColombia. En particular, el gobierno se ha propuesto atraer la inversión privada, por ejemplo a través de incentivos fiscales y garantías financieras, para proyectos de energía limpia que fortalezcan la matriz energética nacional y mejoren la confiabilidad general del suministro (Procolombia, 2021[5]).

Estos esfuerzos son parte de los planes estratégicos para diversificar el sector energético actual de Colombia, el cual depende en gran medida de los recursos hídricos que son una debilidad estructural durante los períodos de sequía. En consecuencia, las medidas regulatorias y de mercado de los últimos años han tenido como objetivo aumentar la capacidad instalada de otras fuentes de energía renovable, como el gran potencial solar y eólico de Colombia. La bioenergía es otro recurso potencial abundante, aunque el desarrollo de este mercado sique siendo relativamente limitado.

Una mayor inversión en los vastos recursos de energía renovable de Colombia ayudará a mejorar la confiabilidad del suministro de energía nacional a través de energía baja en carbono, al mismo tiempo que reducirá la creciente dependencia de las importaciones de energía, como el gas natural licuado (GNL). El despliegue de energía renovable desempeñará igualmente un papel central en el cumplimiento de los ambiciosos objetivos de reducciones de emisiones del gobierno para el 2030 y posteriormente. Sin embargo, para lograr los objetivos de energía limpia del país, se requieren acciones adicionales para fortalecer las condiciones del mercado y aumentar la inversión en esas soluciones de energía renovable.

En particular, se requiere una acción estratégica si Colombia quiere desbloquear su importante potencial bioenergético, incluyendo las oportunidades para aplicaciones de residuos agrícolas, industriales y municipales. En consecuencia, este documento considera el estado de las soluciones de bioenergía y conversión de residuos de energía en Colombia y analiza las medidas que el gobierno puede tomar para aumentar el flujo de financiamiento e inversión para estas oportunidades.

Puntos Destacados

- Los combustibles fósiles dominan la oferta y la demanda de energía en Colombia, con crecientes implicaciones para la seguridad energética y la asequibilidad a medida que aumentan las importaciones con el fin de compensar la disminución de las reservas de petróleo y gas natural. Para el 2050, las importaciones de combustibles fósiles podrían alcanzar cerca de 70% del suministro total de energía si no se toman medidas para resolver la creciente dependencia del país.
- Los abundantes recursos hídricos han desempeñado un papel central en el desarrollo del sistema de energía de bajo costo de Colombia, pero los eventos meteorológicos extremos y los crecientes impactos del cambio climático están amplificando la necesidad de diversificar el sistema de energía del país.
- Colombia tiene un impresionante potencial de energía renovable, que incluye grandes recursos solares, eólicos y de bioenergía sin explotar. La inversión en estas soluciones de energía limpia puede ayudar a aumentar la confiabilidad y la asequibilidad del suministro de energía y al mismo tiempo descarbonizar la matriz energética del país.
- Las adiciones de capacidad eólica y solar han experimentado un crecimiento impresionante en los últimos años, gracias a la introducción de subastas de energía renovable. Sin embargo, la producción de bioenergía sigue limitada a la producción de biocombustibles y a una pequeña cogeneración de electricidad y calor en las industrias de azúcar y palma.
- Esta brecha se debe en parte, a mayores necesidades de inversión para tecnologías de bioenergía, como plantas de gasificación y digestión anaeróbica, pero los costos de capital no capturan los beneficios socioeconómicos de esos proyectos, como el valor de la reducción de desechos en los rellenos sanitarios, mitigación de emisiones y la capacidad de suministrar electricidad local y confiable.
- Ejemplos como la instalación de biogás de Doña Juana en Bogotá ilustran la oportunidad de producir energía limpia utilizando desechos y residuos de actividades agrícolas, industriales y municipales. Las experiencias y lecciones aprendidas de desarrollos de bioenergía en otros países, incluyendo los que se han señalado en este informe, también destacan las medidas que Colombia puede tomar para poner en marcha proyectos de bioenergía.

El progreso económico y el crecimiento de la población han contribuido al aumento constante del consumo de energía en Colombia desde principios de la década de 2000, incluido un fuerte aumento en la demanda de electricidad, a pesar de las mejoras generales en la intensidad energética (en términos de unidades de energía consumidas por unidad del PIB). La industria y el sector de edificaciones en particular experimentaron grandes cambios hacía la electricidad en las últimas dos décadas, lo que llevó a una participación importante en que casi se duplicara la producción de electricidad entre el 2000 y el 2018 (IEA, 2021[6]).

Para satisfacer la creciente demanda, la capacidad hidroeléctrica instalada se incrementó en alrededor de 40% desde el 2000, aunque estas adiciones no fueron suficientes para satisfacer las crecientes necesidades de generación, particularmente en la fase cálida de la Oscilación del Sur del Niño que provocó una importante escasez de agua en el 2015 y el 2016. Como resultado de ello, se incrementó la generación de energía térmica a partir de combustibles fósiles, alcanzando casi el 30% de la producción de electricidad de Colombia en el período 2015-16 (IEA, 2021[6]). Cuando se combina con la demanda de petróleo en el sector de transporte en rápido crecimiento, el efecto neto fue un salto considerable en el uso general de combustibles fósiles a mediados de la década del 2010 (Figura 1.1). Esto se redujo levemente en el 2018 a medida que disminuyeron los efectos de El Niño, sin embargo, los combustibles fósiles continúan desempeñando un papel importante en la combinación energética general del país.

Figura 1.1. Suministro de energía primaria por combustible, 2000-18

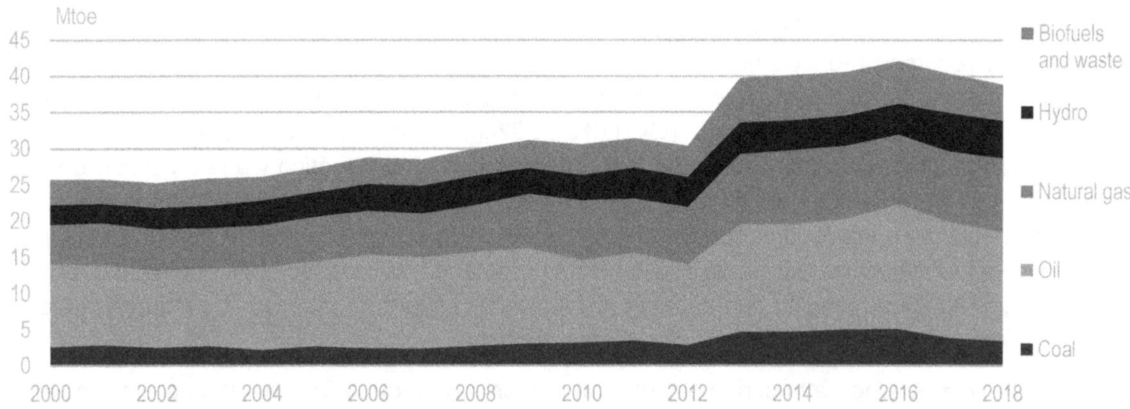

Nota: Mtoe = millón de toneladas de petróleo equivalente.
Fuente: (IEA, 2021[6]), World Energy Balances (Base de datos). --- biocombustibles y desechos. ---- hidro ---- gas natural --- petróleo – carbón

StatLink https://stat.link/ap12h5

Colombia es rica en recursos naturales, con un gran potencial de energía renovable sin explotar

Colombia posee amplios recursos energéticos con abundante energía hidroeléctrica, así como importantes reservas de carbón, petróleo y gas natural. Las reservas de combustibles fósiles del país se han explotado tanto para el consumo local como para la exportación, proporcionando energía a bajo costo a nivel nacional y respaldando el crecimiento económico general. En particular, Colombia tiene cuantiosas reservas de carbón y fue el 12avo productor de carbón más grande del mundo en el 2019, lo que lo convierte en el más grande de América Latina con más de diez veces la producción de carbón del segundo productor más grande de la región, México (EIA, 2020[7]). La explotación está dirigida principalmente a las exportaciones y en el 2019, Colombia envió el equivalente a más de 47 Mtoe, lo que lo convierte en el sexto exportador mundial de carbón, con importantes implicaciones económicas (alrededor del 0.6% del PIB nacional en 2019) de las rentas del carbón (World Bank, 2021[8]).

Colombia también depende en gran medida de sus reservas de petróleo, tanto para el consumo interno como para la exportación, donde el país se ubicó como el sexto mayor exportador de petróleo crudo a los Estados Unidos en 2017 (EIA, 2020[7]). Colombia produjo alrededor de 918 mil barriles por día de petróleo y otros líquidos relacionados en el 2019, lo que equivale a 45 Mtoe de suministro anual, convirtiendo al país en el tercer productor de petróleo de América Latina después de Brasil y Venezuela. Sin embargo, las reservas están disminuyendo y las importaciones de energía están aumentando, lo que socava la seguridad energética nacional. Con reservas probadas de alrededor de dos mil millones de barriles, (aproximadamente 275 Mtoe), sólo quedan aproximadamente seis años de los niveles actuales de producción nacional. Además, la producción está declinando, y los precios más bajos del petróleo a nivel mundial han provocado una reducción en las actividades de exploración (Reuters, 2021[9]).

Las reservas de gas natural también están en declive y son relativamente modestas según los estándares regionales. A finales del 2020 quedaban alrededor de 95 Mtoe, en comparación, México y Argentina tenían cerca de 160 Mtoe y 325 Mtoe, respectivamente (EIA, 2020[7]). Las reservas remanentes en Colombia solo equivalen a unos ocho años de consumo interno (Reuters, 2021[9]), y el país se convirtió en importador neto en 2016 (EIA, 2020[7]). La Unidad de Planeación Minero Energética, UPME del Ministerio de Minas y Energía recomendó agregar dos nuevas plantas de regasificación de GNL a lo largo de la Costa del Pacífico para garantizar el suministro para la generación de energía en el centro y el sur de Colombia (Kraul, 2020[10]). Estas plantas no se han construido aún, aunque tendrían implicaciones a largo plazo para la dependencia continua en el gas natural importado.

Colombia también ha tenido la suerte de ser uno de los países más ricos en agua del mundo (FAO, 2003[11]), con recursos hídricos históricamente abundantes que le permitieron al país desarrollar un sistema de energía de bajo costo que cuenta con la tercera mayor capacidad hidroeléctrica instalada en América del Sur con casi 12 gigavatios (GW) (IHA, 2020[12]). Sin embargo, la disponibilidad de agua ha disminuido en la última década, debido a los impactos del cambio climático y a la creciente demanda de la población y el crecimiento económico. El país ha experimentado igualmente fenómenos meteorológicos extremos vinculados a los fenómenos del Niño y La Niña, que respectivamente pueden causar sequías prolongadas e inundaciones extremas, lo que afecta por lo tanto, la producción hidroeléctrica. Los eventos recientes de El Niño han tenido un impacto particularmente severo en las reservas hidroeléctricas, lo que amplifica la necesidad de diversificar el sistema energético.

En respuesta, el gobierno ha buscado explotar un mayor uso de otras fuentes de energía renovable, que también tienen un potencial considerable (Figura 1.2). En particular, Colombia tiene condiciones favorables para la energía eólica y solar, que en su mayoría han permanecido sin explotar (Norton Rose Fulbright, 2016[13]). Por ejemplo, el potencial eólico en el departamento de La Guajira en el norte de Colombia se estima en 18 GW (Mordor Intelligence, 2020[14]), más que toda la capacidad de generación eléctrica actualmente instalada en Colombia. La velocidad media anual del viento en ciertos lugares frente a la costa de La Guajira alcanza los 11 metros por segundo (IDEAM, 2020[15]), lo que convierte a Colombia en una de las dos únicas regiones de América Latina en alcanzar estos altos niveles, a más del doble de la velocidad mínima del viento necesaria para las instalaciones a gran escala (Norton Rose Fulbright, 2016[13]).

Colombia tiene también un fuerte potencial solar, con un promedio del país de 4.5 kilovatios-hora (kWh) por metro cuadrado (m^2) por día (UPME, 2015[16]), donde el grupo más alto con mayor potencial solar tiene como referencia 3.7 kWh/m^2 (Vesga, 2021[17]). En comparación, España, que tenía más de 11 GW de capacidad solar instalada en 2019, recibe en promedio alrededor de 3-3.5 kWh/m^2 por día en radiación solar, mientras que Alemania, con más de 49 GW de capacidad solar instalada en 2019, este número promedia alrededor de 2.2-3.2 kWh/m^2 por día (World Bank, 2020[18]); (IRENA, 2020[19]). Por lo tanto, el potencial para generación solar a gran escala es particularmente fuerte en Colombia, especialmente en el este de la Orinoquía y en las Islas de San Andrés en el Caribe, donde la radiación promedio alcanza los 6.0 kWh/m^2 por día (IDEAM, 2020[20]); (López et al., 2020[21]).

Figura 1.2. Potencial de electricidad renovable y tasa de utilización en Colombia, 2019

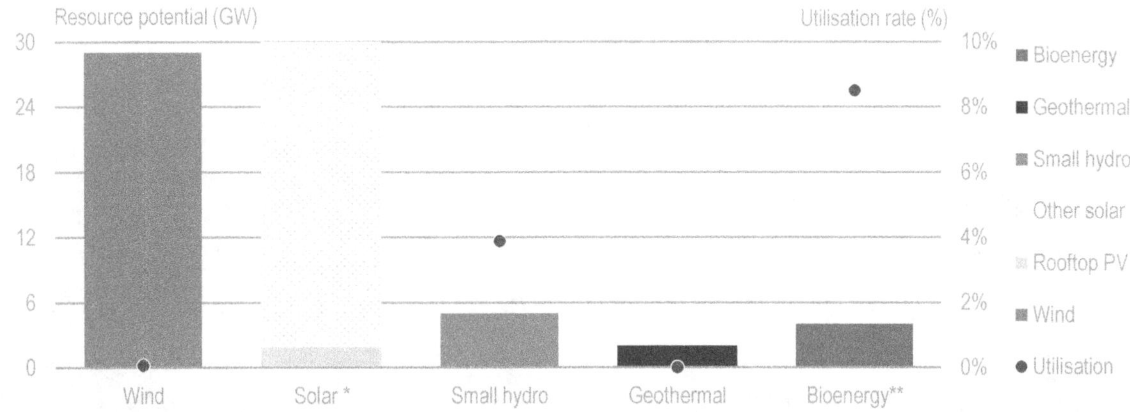

Notas: PV = fotovoltaica. El potencial Solar * incluye estimativos específicos para instalaciones fotovoltaicas en techos de grandes ciudades (solido), mientras que otro potencial solar (punteado) es meramente ilustrativo, dada la radiación solar promedio en Colombia en comparación con Alemania (aproximadamente un tercio del tamaño de la tierra y menor irradiancia solar), que tenía casi 36 GW de fotovoltaica solar instalada en 2013 cuando los precios de la fotovoltaica eran considerablemente más altos (REN21, 2014[22]). Bioenergía** solo incluye estimativos para capacidad de generación de electricidad a partir de residuos agrícolas (Benavides and Cadena, 2018[23]).
Fuentes: adaptado de (UPME, 2015[16]); (Benavides and Cadena, 2018[23]); (IRENA, 2020[19]).

StatLink https://stat.link/a8xbz2

Si bien el potencial solar y eólico es considerable, la integración de mayores niveles de estas energías renovables variables requerirá una inversión para abrir capacidad de la red y para mejorar la flexibilidad del sistema (por ejemplo, utilizando almacenamiento de energía y respuesta del lado de la demanda). Adicionalmente, el potencial eólico se concentra en gran medida en regiones que pueden estar lejos de los centros de demanda y por lo tanto requiere inversión en capacidad de transmisión para conectar la oferta y demanda. Un riesgo particular es que los largos plazos de entrega o los desajustes entre la capacidad de transmisión y las adiciones de energía renovable obstaculicen el progreso futuro de la energía limpia. En respuesta, el gobierno comenzó a adjudicar contratos para nuevas líneas de transmisión en 2018 para conectar una primera ola de proyectos de energía limpia en La Guajira. Los refuerzos de la red en el marco del plan "Caribe 5"[1] del gobierno también tienen como objetivo fortalecer la capacidad a través de una inversión de hasta USD 4 mil millones en proyectos de transmisión y redes en la región Caribe del país.

Las soluciones de bioenergía pueden igualmente contribuir a un sistema flexible de energía limpia y Colombia tiene la suerte de contar con un potencial importante de materia prima para bioenergía. Esto incluye residuos agrícolas de cultivos de palma de aceite, y azúcar, que ya se utilizan para la producción, uso local y exportación de biodiesel y bioetanol. Otros residuos y desechos de las actividades agrícolas, municipales e industriales siguen siendo oportunidades en gran medida desaprovechadas para la producción de bioenergía, y estos recursos, que a menudo están cerca de los centros de demanda, podrían utilizarse para crear una serie de productos de energía limpia para ser usados como energía de carga base para las redes de electricidad municipales y regionales (Figura 1.3). La producción de bioenergía a partir de materias primas nacionales disponibles ayudaría a reducir la dependencia de los combustibles fósiles y la creciente dependencia de las importaciones de GNL. La redirección de los flujos de desechos hacía la recuperación de energía puede igualmente producir beneficios ambientales adicionales, por ejemplo, al limitar la cantidad de desechos que van a los rellenos sanitarios o que se eliminan ilegalmente y la gestión adecuada de esos flujos de desechos disponibles puede ayudar a garantizar que la producción de energía limpia no fomente impactos indirectos en el cambio de uso de suelos, como desforestación para obtener materia prima para biocombustibles.

Figura 1.3. Productos y usos potenciales de los recursos bioenergéticos

Fuente: adaptado de (IEA, 2017[24]) Hoja de Ruta de Tecnología: Entregar Bioenergía Sostenible.

Los residuos y desechos pueden desempeñar un papel de apoyo en el desarrollo de energías limpias

En promedio, en Colombia se producen alrededor de 178 millones de toneladas de residuos orgánicos provenientes de las actividades agrícolas (41%), pecuarias (59%) y del sector residencial (<1%). Si bien algunos de ellos pasan por un proceso de compostaje para aumentar su valor como fertilizante, la mayoría se reintegra a los cultivos de manera no técnica, lo que se ha relacionado con la disminución de la productividad de la tierra (Government of Colombia, 2019[24]). Por lo tanto, el desarrollo de soluciones bioenergéticas puede ayudar a mejorar la bioeconomía general en Colombia, por ejemplo, utilizando la biodigestión para convertir los residuos orgánicos de las granjas en bioenergía y biofertilizantes.

La UPME estima que los residuos de biomasa agrícola, a través de la combustión directa y/o la digestión anaeróbica, podrían convertirse en unos 8 Mtep de energía, lo que equivale aproximadamente a una quinta parte del suministro energético total de Colombia en 2018 (UPME, 2011[25]). Los residuos de la ganadería (por ejemplo, estiércol de vacuno, porcino y de pollo) también podrían generar hasta 33 teravatios-hora (TWh) de electricidad, o casi la mitad de la energía suministrada (77 TWh) en Colombia en 2019 (AIE, 2021[6]). Otro estudio de la UPME de 2017 destacó la oportunidad de producir biogás, señalando un potencial técnico de 11 TWh a partir de residuos agrícolas y 1,7 TWh adicionales a partir de residuos ganaderos (Tabla 1.1) (UPME, 2017[26]). Por ejemplo, el biogás podría producirse a partir de los residuos de bagazo que quedan de la producción de biocombustibles líquidos, de los cuales Colombia ya se encuentra entre los principales productores mundiales y está entre los diez primeros empleadores en ese campo (IRENA, 2020[27]).

La generación de energía a partir de residuos municipales e industriales también tiene un buen potencial, sobre todo porque la mayor parte de estos residuos terminan en rellenos sanitarios y, en consecuencia, son un importante contribuyente a las emisiones de GEI, como el metano. De hecho, solo el sector de los residuos representó el 6,3% de las emisiones de GEI de Colombia en 2018 (ClimateWatch, 2021[28]). La mayor parte provino de los residuos sólidos urbanos (RSU), donde Colombia produce alrededor de

18 millones de toneladas de residuos orgánicos (59%), plásticos (13%), papel y cartón (9%), vidrio (2%), metal (1%) y otros residuos (16%) cada año (Government of Colombia, 2019[24]). Alrededor del 83% de los RSU se recogen para su eliminación en rellenos sanitarios sin una mayor clasificación, lo que, de hacerse, permitiría un mayor reciclaje, reutilización y recuperación, incluyendo soluciones de conversión de residuos en energía, lo que reduciría la huella ambiental del sector, al tiempo que prolongaría la vida útil de los vertederos (RVO, 2021[29]). De hecho, si los RSU se aprovecharan al máximo, el potencial técnico de biogás podría alcanzar hasta 1,4 TWh al año (Duarte, Loaiza and Majano, 2021[30]).

Tabla 1.1. Potencial técnico de producción de biogás por tipo y cantidad de residuos

Sector	Residuos	Cantidad	Potencial técnico	
		miles de toneladas/año	*millones d em³/año*	*GWh*/año*
Ganadería	Estiércol de aves de corral	2 793	168	1 000
	Estiércol de cerdo	1 410	99	589
	Estiércol bovino	501	20	120
Agricultura	Paja de arroz	252	353	2 054
	Rechazos de banano	249	0.4	2
	Pulpa de café	185	5	28
	Mucílago de café	63	5	63
	Tallos de maíz	559	287	1 372
	Palma aceitera (laguna de oxidación)	6 710	134	854
	Rechazos de plátano	117	0.2	1
	Bagazo de caña de azúcar	6 549	1	6 294
	Bagazo de caña de panela	238	<0.1	227
Municipal	Residuos sólidos urbanos (orgánicos)	4 278	282	724
	Lodos (aguas residuales)	289 969	101	654
Industrial	Lodos y grasas de lechería	10	0.4	5
	Lodos de cervecería	2	0.1	1
	Vinaza de caña	9 587	158	902
	Rumen de matadero	62	1	6
Total		**323 534**	**1 615**	**14 896**

Nota: GWh = gigavatio-hora. *GWh/año representa el potencial energético técnico para la producción de biogás (no el potencial de generación de electricidad).
Fuente: adaptado de (UPME, 2017[26]).

Los residuos industriales representan otra oportunidad para la recuperación de energía. El sector industrial genera unos nueve millones de toneladas de residuos cada año, con un potencial técnico de biogás de alrededor de 1 TWh (DNP, 2016[31]). Esto incluye los residuos industriales peligrosos como el aceite, los disolventes y los lodos, que en conjunto representaron más de 300 000 toneladas de residuos en 2016. Un tercio de ellos requirió vertederos especiales y seguros. Dado el contenido a menudo altamente calórico de este tipo de residuos, existe una clara oportunidad de conversión de residuos en energía, por ejemplo, a través de plantas de incineración y coprocesamiento (por ejemplo, en la producción de cemento). La recuperación de residuos para la producción de energía también limitaría, por supuesto, la eliminación de estos residuos peligrosos en los vertederos.

A pesar del gran potencial sin explotar de los residuos y desechos disponibles en Colombia, el uso de la bioenergía sigue siendo relativamente limitado, sobre todo a la producción de biocombustibles y a la cogeneración de electricidad y calor en las industrias de la caña de azúcar y la palma. El uso de tecnologías como los digestores anaeróbicos y el uso directo de la biomasa y los residuos (por ejemplo, para el coprocesamiento en la industria) ayudaría a aprovechar esta perspectiva, al mismo tiempo que proporcionaría una serie de beneficios potenciales como un mayor acceso a la electricidad fiable en las zonas rurales y una mayor seguridad energética gracias a la reducción de las importaciones de combustibles fósiles. Sin embargo, para que estas soluciones bioenergéticas se generalicen será necesaria una mayor concienciación por parte de la industria y los agentes energéticos, así como señales políticas más fuertes, como objetivos de despliegue y el uso de incentivos fiscales que puedan impulsar una pronta adopción por parte del mercado. El fomento de la adopción de soluciones bioenergéticas también deberá tener en cuenta las estrategias gubernamentales de bioeconomía y economía circular (analizadas en el Capítulo 2) para garantizar que las medidas políticas y los incentivos de mercado no fomenten la producción insostenible de bioenergía.

La bioenergía puede contribuir a la descarbonización de la matriz energética, dominada por los combustibles fósiles.

La oferta y la demanda de energía en Colombia se satisfacen principalmente con combustibles fósiles, que representaron alrededor de dos tercios del consumo final de energía en 2018 (IEA, 2021[6]). El sector energético puede estar dominado por la energía hidráulica, pero la electricidad solo representa el 18% del uso total de energía. Los biocombustibles y los residuos[2] representan otro 16%, pero se trata sobre todo del uso tradicional de la biomasa sólida[3] para cocinar y calentar los hogares, con cantidades menores de biomasa utilizada para la cogeneración en la industria, así como para los biocombustibles en el sector del transporte (Figura 1.4).

La demanda de energía de la industria y los edificios representó algo más de la mitad del uso de energía final en 2018 (26% y 27%, respectivamente), mientras que la mayor parte de la demanda (37%) fue para el transporte. El sector del transporte fue el consumidor de energía que más creció en la última década, aumentando casi un 50% entre 2010 y 2018, debido a la creciente demanda de motocicletas, turismos y vehículos comerciales ligeros (BBVA, 2019[32]). El 90% de la demanda de energía del transporte corresponde al petróleo, lo que convierte al sector en un impulsor crítico del aumento del consumo de combustibles fósiles. Los mandatos sobre combustibles, incluyendo los requisitos de una mezcla del 8% de etanol en la gasolina y de una mezcla del 9,2% de biodiésel en el diésel, ayudaron a paliar parte de este crecimiento, aunque no tan rápido como creció la demanda de energía para el transporte desde 2010. En consecuencia, la demanda de petróleo del sector alcanzó casi 9,5 Mtep en 2018, consumiendo más del 20% de la producción de petróleo de Colombia ese año. Los biocombustibles, gracias a los requisitos de mezcla, representaron alrededor del 7% del uso de combustible del sector, con una participación ligeramente menor (5%) en el consumo de energía del transporte por carretera en 2018 (Rueda-Ordóñez et al., 2019[33]). Esta cuota podría aumentar aún más (por ejemplo, con mezclas de 15% de etanol y 85% de gasolina [E15]), pero los cambios en las mezclas actuales sería mejor que se hicieran en diálogo con los fabricantes de automóviles y de equipos originales, ya que las mezclas de mayor volumen pueden requerir modificaciones en los motores (The Royal Society, 2008[34]).

La industria, que representa el 26% del valor añadido del PIB (incluida la construcción), también depende en gran medida de los combustibles fósiles, aunque en menor medida que el sector del transporte. La industria en Colombia incluye una serie de actividades de alto consumo energético, como la extracción de carbón y petróleo, los productos químicos, la metalurgia y la producción de cemento. Los productos agrícolas (por ejemplo, el café, la caña de azúcar, las frutas y los frutos secos) y los productos básicos, como los textiles, también son importantes productos económicos (Santander Trade, 2021[35]). La variedad de estas actividades industriales contribuye a una mayor mezcla en el uso de combustibles sectoriales, aunque los combustibles fósiles representan alrededor del 60% del consumo energético total de la industria. La electricidad representa otra cuarta parte de la demanda energética del sector, y la bioenergía, principalmente para la cogeneración con residuos de bagazo de las industrias azucarera y palmera de Colombia, constituye el 16% restante. Otras formas de bioenergía (por ejemplo, el biogás) a partir de residuos industriales o agroindustriales siguen siendo limitadas (Asocaña, 2021[36]).

La intensidad de carbono del consumo de energía industrial ha fluctuado desde el año 2000 y fue marginalmente menor en 2018, con 49 gramos (g) de dióxido de carbono (CO_2) por megajulio (MJ), que en 2010 (51 gCO_2/MJ)) (IEA, 2021[37]). Esta mejora se debe a la creciente participación de la electricidad y la bioenergía, que crecieron un 40% y un 60% respectivamente entre 2010 y 2018. Parte de este crecimiento de la bioenergía se debe a la preocupación de la industria por la volatilidad de los precios del petróleo y el gas natural, mientras que la regulación de la medición neta (véase la sección de políticas más adelante) en 2015 proporcionó un incentivo adicional para la cogeneración en las industrias del azúcar y la palma. Aun así, a pesar de estos avances, el uso de carbón por parte de la industria aumentó un 60% durante el periodo 2010-18, lo que pone de manifiesto el importante papel de la producción nacional de carbón de bajo costo en la dependencia del país de este combustible fósil (IEA, 2021[6]).

Figura 1.4. Consumo de energía final por sector y combustible, 2000-18

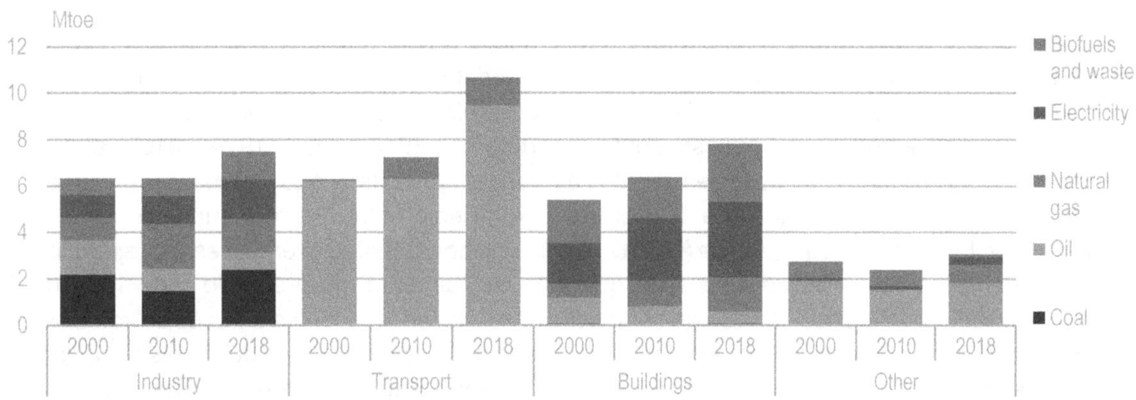

Nota: ""Otros" incluye el consumo de energía final en la agricultura, la silvicultura, la pesca y el uso de otros combustibles no especificados.[4]
Fuente: (IEA, 2021[6]), World Energy Balances (base de datos).

StatLink https://stat.link/avohq2

Los edificios representan la última parte importante (27%) del consumo final de energía, y el sector es la segunda demanda que más crece después del transporte. Esto está relacionado con el crecimiento constante de la población (51 millones de personas en 2020, frente a 45 millones en 2010), el aumento de los ingresos de los hogares y un amplio y creciente sector de servicios, que representó el 57% del PIB en 2019. Este último está impulsado, en particular, por el negocio de la subcontratación y una dinámica industria turística (World Bank, 2021[8]). El sector de los servicios, junto con la creciente demanda de los hogares, ha contribuido principalmente al fuerte crecimiento del uso de la electricidad, que representó el 42% del consumo energético del sector de los edificios en 2018. Simultáneamente, los biocombustibles y los residuos (sobre todo en forma de uso tradicional de biomasa sólida, como la leña) representaron alrededor de un tercio de la demanda energética de los edificios. De hecho, mientras que el uso de la electricidad en los edificios aumentó un 20% entre 2010 y 2018, el consumo de biomasa creció un 40%. Esto subraya el importante papel que desempeña el uso tradicional de la biomasa para calentar y cocinar en los hogares, sobre todo en las poblaciones rurales (18,5% de la población en 2020) y en las zonas que no tienen un acceso fiable a la red eléctrica (aproximadamente el 3,6% de la población) (IADB, 2016[38]).

La elevada proporción de combustibles fósiles y el uso tradicional de la biomasa en la matriz energética de Colombia destacan el desafío crítico de desplegar soluciones energéticas eficientes, asequibles y limpias en las próximas décadas si el país quiere alcanzar sus objetivos de desarrollo sostenible y la neutralidad de carbono prevista para 2050. Las soluciones modernas en materia de bioenergía y residuos pueden desempeñar un papel fundamental en esta transición, como ponen de manifiesto las estimaciones de la UPME sobre los potenciales técnicos. Sin embargo, las políticas tendrán que garantizar las condiciones necesarias para estas inversiones, empezando por señales más claras sobre el papel que se espera que desempeñen las tecnologías de energías renovables (más allá de su potencial teórico) en la futura matriz energética del país.

Un ejemplo de esta necesidad es el uso del carbón en la industria. A pesar de las oportunidades de adopción de energías limpias, como el uso actual del bagazo en la industria de la caña de azúcar, el uso general del carbón en el sector ha aumentado desde 2010, invirtiendo el descenso de la proporción desde principios de la década de 2000. Las señales sobre las expectativas políticas para la combinación de combustibles de la industria y/o las vías de descarbonización bajo los auspicios de los compromisos climáticos de Colombia ayudarían a fomentar una línea de soluciones de energía limpia como la cogeneración con biomasa. El apoyo a la demostración de tecnologías en las industrias objetivo, más allá de la producción de azúcar y palma, también ayudaría a construir el argumento comercial para las aplicaciones de la bioenergía. Estas acciones podrían complementarse con otras medidas como el uso de incentivos, como el plan de asistencia financiera que apoya los proyectos de cogeneración con biomasa en la India, bajo el Ministerio de Energías Nuevas y Renovables del país.[5]

Los mandatos de la industria y los regímenes de comercio de derechos de emisión, como los utilizados en la Unión Europea y la República Popular China (en adelante, "China"), también han tenido éxito a la hora de impulsar soluciones de energía limpia como el biogás y la cogeneración con biomasa en la industria. Colombia introdujo un impuesto sobre el carbono en 2016, (Ley 1819 de 2016[6]), aunque el uso por parte de la industria de combustibles como el carbón, el crudo de coque y el gas de refinería no están actualmente sujetos al impuesto. Además, el gas natural solo está sujeto al impuesto si se utiliza en refinerías o en la industria petroquímica (OECD, 2019[39]). Abordar estas exenciones, por ejemplo, a través de un esquema de comercio de emisiones que está actualmente en desarrollo (Ley 1931 de 2018[7]) fomentará la reducción gradual del uso de combustibles fósiles en la industria a través de soluciones como la cogeneración con biomasa. Otras señales, como los aumentos progresivos de las tasas de vertido para los rellenos sanitarios, pueden ayudar igualmente a impulsar la adopción de soluciones de energía limpia, por ejemplo, apoyando el desarrollo de soluciones de conversión de residuos en energía para el biogás y la generación de electricidad limpia.

Desarrollo del sector eléctrico y oportunidades de la bioenergía

Mejorar el acceso a un suministro eléctrico fiable y asequible ha sido y sigue siendo una prioridad política en Colombia. Se ha producido una importante reestructuración del mercado de la electricidad desde que se aprobaron la Ley 142 de 1994 (modificada posteriormente por la Ley 689 de 2001[8]) y la Ley 143[9] de 1994, que permiten la inversión privada en capacidad de generación. El gobierno también ha hecho un esfuerzo concertado para ampliar el acceso a la electricidad en las últimas dos décadas, incluyendo el apoyo financiero para el desarrollo del sistema eléctrico, y en 2019 alrededor del 97% del país estaba conectado (IEA, 2020[40]). Las tasas de electrificación son más altas en las zonas urbanas, que cubren a casi toda la población (>99%), además el país tiene una capacidad instalada adecuada con respecto a la satisfacción de la demanda general de electricidad. Aun así, solo el 48% del país (en términos de territorio) tiene acceso al sistema interconectado nacional, mientras que el otro 52%, que representa entre 1,8 y 2,2 millones de personas, permanece como zonas no interconectadas (ZNI) (IADB, 2016[38]).

Las zonas ZNI pueden carecer de conexión a la red nacional debido a una serie de limitaciones técnicas, financieras o medioambientales, como problemas de transporte de combustibles y dificultades para construir infraestructuras de transmisión y distribución. Las ZNI son mayoritariamente rurales (89%) y suelen estar escasamente pobladas, pero pueden incluir algunos municipios, ciudades, pueblos y aldeas que dependen de redes aisladas o generadores diésel para la generación de electricidad (Garces et al., 2021[41]). Los retos que plantea la ampliación de la red nacional a estas ZNI de "última milla" significan posteriormente que las soluciones distribuidas y fuera de la red, como los recursos energéticos locales y sostenibles, como la bioenergía y los residuos, pueden ser una oportunidad eficaz y económica para lograr el pleno acceso a la electricidad.

Por otra parte, en las zonas conectadas a la red nacional, algunas regiones dependen en gran medida de la generación de energía térmica con combustibles fósiles, a pesar de los abundantes recursos hidroeléctricos de Colombia, al menos a nivel nacional. Por ejemplo, Córdoba, La Guajira y Norte de Santander, en el norte del país, dependían exclusivamente del carbón para la generación de electricidad en 2017 (OECD, 2021[42]). De hecho, la nueva capacidad de carbón ha recibido permisos en las regiones de Córdoba y Cesar (Global Energy Monitor, 2021[43]), a pesar del alto potencial de producción solar en esas partes del país. Teniendo en cuenta que la vida media de una central eléctrica de carbón es de unos 40 años, la adición de esta nueva capacidad no estaría en consonancia con los objetivos de desarrollo sostenible de Colombia hasta 2030 y más allá. Las adiciones también apuntan a la necesidad de habilitar una sólida reserva de soluciones energéticas limpias y asequibles, como la bioenergía, para competir con la generación de energía a partir de combustibles fósiles en el país y sustituirla.

Un suministro de electricidad seguro y asequible requiere una capacidad más diversa

Colombia tenía alrededor de 18 GW de capacidad de generación de energía instalada en 2020, y la intensidad de carbono del sector fue en promedio de alrededor de 160 gCO_2/kWh en las últimas dos décadas, en comparación con un promedio mundial de alrededor de 475 gCO_2/kWh en 2018 (IEA, 2021[37]). Sin embargo, esta intensidad de CO_2 relativamente baja depende considerablemente de la energía hidroeléctrica disponible, que representa dos tercios de la capacidad total instalada (IEA, 2021[6]). En los años de baja disponibilidad de energía hidroeléctrica, la generación de electricidad a partir de carbón, petróleo y gas natural se dispara, provocando saltos en las emisiones relacionadas, como el pico de 2016 de 221 gCO_2/kWh durante el ciclo de El Niño (Figura 1.5). Más recientemente, la intensidad de las emisiones del sector eléctrico volvió a aumentar en 2019 debido a los considerables déficits de precipitaciones en el primer trimestre del año, lo que pone de manifiesto los crecientes riesgos derivados de las anomalías más frecuentes del fenómeno de El Niño y del cambio climático (Minambiente, 2021[44]); (Parra et al., 2020[45]).

Aunque los combustibles fósiles solo representen el 30% de la capacidad de generación eléctrica instalada, desempeñan un papel fundamental para garantizar la oferta de electricidad en años de sequía prolongada. Al mismo tiempo, este uso intermitente de esos activos de generación tiene efectos notables en el mercado de la electricidad, no solo en cuanto a las emisiones del sector eléctrico, sino también en cuanto a los precios al contado de la electricidad. Esto último es la consecuencia natural de la necesidad esporádica de capacidad de combustibles fósiles, lo que crea desafíos para los operadores, así como para la financiación y la inversión de capital en la exploración, la producción y el transporte de energía (World Bank, 2019[46]). La incertidumbre de los eventos relacionados con el clima (y la subsiguiente demanda de generación de energía con combustibles fósiles) también crea desafíos para asegurar los contratos de suministro de energía, en particular porque los productores de gas natural prefieren los perfiles de consumo más estables de la industria y el mercado residencial.

Figura 1.5. Porcentaje de la generación de electricidad por combustible e intensidad de carbono resultante, 2000-19

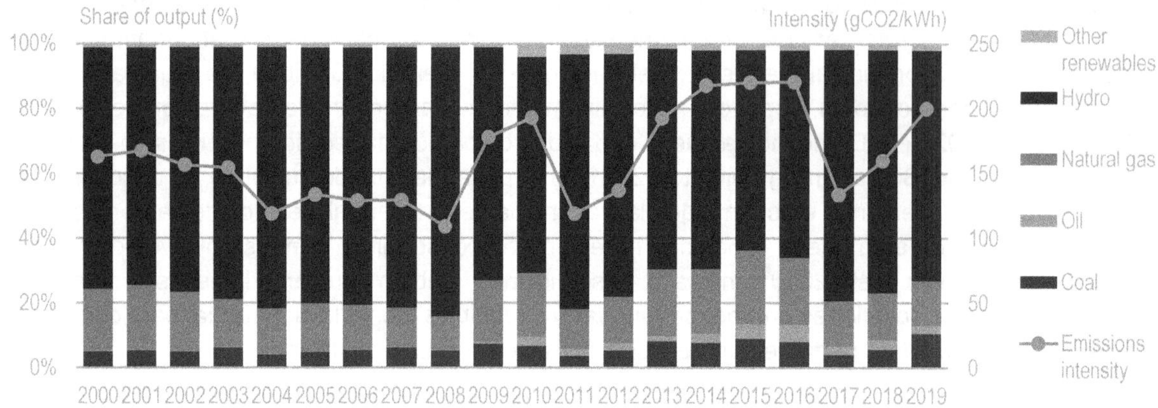

Fuente: (IEA, 2021[6]), World Energy Balances (base de datos).

StatLink https://stat.link/b1g6ds

El Plan Energético Nacional (PEN) 2020-50[10] del gobierno destacó que las crecientes importaciones de combustibles fósiles (equivalentes al 7% del suministro nacional de energía en 2020) podrían alcanzar casi el 30% del suministro total de energía de Colombia en 2030 en un escenario sin cambios. Si no se controla, llegaría a un asombroso 69% en 2050, lo que supondría un riesgo de costosas fluctuaciones de precios y crearía considerables problemas potenciales de seguridad energética para el país (UPME, 2020[47]).

La creciente dependencia de los combustibles fósiles de reserva aumenta la exposición a la volatilidad de los precios, especialmente en los periodos en los que la capacidad hidroeléctrica disminuye. Para ayudar a garantizar un suministro fiable y rentable de electricidad durante los períodos de sequía, la Comisión de Regulación de Energía y Gas (CREG) de Colombia introdujo en 2006 un mecanismo de cobertura para reducir la incertidumbre del mercado y ayudar a recuperar una parte de los costos fijos de la energía de reserva. El mecanismo se basa en obligaciones de energía firme[11] adjudicadas mediante subastas[12] que comprometen a los generadores a suministrar determinadas cantidades de energía a un precio de escasez coyuntural predeterminado. A cambio, los generadores reciben una cuota de opción anual fija, conocida como “Cargo por Confiabilidad”, por cada kWh contratado.

Aunque en principio el cargo por confiabilidad es una herramienta eficaz, durante las sequías extremas de 2016 se pusieron de manifiesto varios puntos débiles. Ese año fue el segundo evento de El Niño más fuerte en la historia registrada de Colombia y provocó una disminución del 40% en las precipitaciones. Esto disminuyó el agua disponible en las presas hidroeléctricas hasta en un 60-70%. Al mismo tiempo, la demanda de frío y refrigeración se amplió con el aumento de las temperaturas, y los problemas operativos imprevistos (incluyendo un incendio que obligó a apagar la central hidroeléctrica de 560 megavatios [MW] de Guatapé) dejaron fuera de servicio otra parte de las fuentes restantes. Esto resultó en una escasez acumulada de 200 MW, más del 1% de la capacidad instalada, en abril de 2016, incluso después de tener en cuenta las exitosas campañas de ahorro de energía del gobierno (World Energy, 2019[48]).

Las centrales térmicas sometidas al cargo de fiabilidad entraron en acción, y la energía procedente de combustibles fósiles representó alrededor del 55% de la electricidad producida en abril de 2016. Esto tuvo importantes consecuencias en la estabilidad de los precios en el mercado, afectando a las empresas de generación y distribución que no tenían una cobertura adecuada. Los precios de escasez, que se fijaron en 110 USD por megavatio-hora (MWh), fueron hasta siete veces inferiores al costo real de producción de electricidad, mientras que el precio medio al contado pasó de unos 30-50 USD a 400 USD por MWh.

De hecho, este límite superior se fijó mediante una intervención reguladora para limitar el precio máximo (World Bank, 2019[46]).

En consecuencia, en 2018 se celebró una nueva subasta de cargos de fiabilidad, que aseguró 100 MW adicionales de gas natural y 260 MW de energía de carbón para garantizar mayores márgenes de capacidad no hidroeléctrica. Para 2019 estaba prevista otra subasta de energía renovable. La extrema sequía también sirvió para impulsar la agenda de las energías renovables como medio para diversificar la matriz energética y abordar una serie de cuestiones planteadas durante el evento de 2016, incluida la creciente dependencia de las importaciones de combustibles fósiles. Gran parte de este enfoque se ha centrado en el aumento de la capacidad eólica y solar, aunque la bioenergía, al igual que la energía de los combustibles fósiles (térmica), tiene el potencial adicional de proporcionar capacidad bajo demanda.

Las soluciones de energía limpia pueden contribuir a lograr una oferta de electricidad segura y fiable

En respuesta a la exposición a la volatilidad de los precios de la generación de combustibles fósiles y a la creciente dependencia de las importaciones de energía, el gobierno estableció la intención de aumentar el desarrollo de las Fuentes No Convencionales de Energía Renovable (FNCER), definidas en la legislación colombiana como fuentes de energía renovable fuera de las grandes hidroeléctricas[13]. Las FNCER representan una importante oportunidad para diversificar la matriz energética de Colombia, por ejemplo, mediante una mayor adopción de tecnologías solares, eólicas y de bioenergía, y medidas políticas como la regulación de la medición neta (véase el capítulo 2) han contribuido a estimular la incorporación de energía renovable. A mediados de 2021, se habían conectado a la red nacional unos 80 MW de capacidad de generación eólica y 18 MW de solar (Figura 1.6). Las pequeñas centrales hidroeléctricas representaban otros 225 MW de capacidad instalada, seguidas de 145 MW de bioenergía, sobre todo en forma de bagazo de caña de azúcar (141 MW) y algo de biogás de tres plantas de digestión anaeróbica (unos 4 MW) (SIEL, 2021[49]). En conjunto, estas FNCER representaron alrededor del 3% de la capacidad total instalada.

Figura 1.6. Capacidad instalada de generación de energía conectada a la red por fuente, junio de 2021

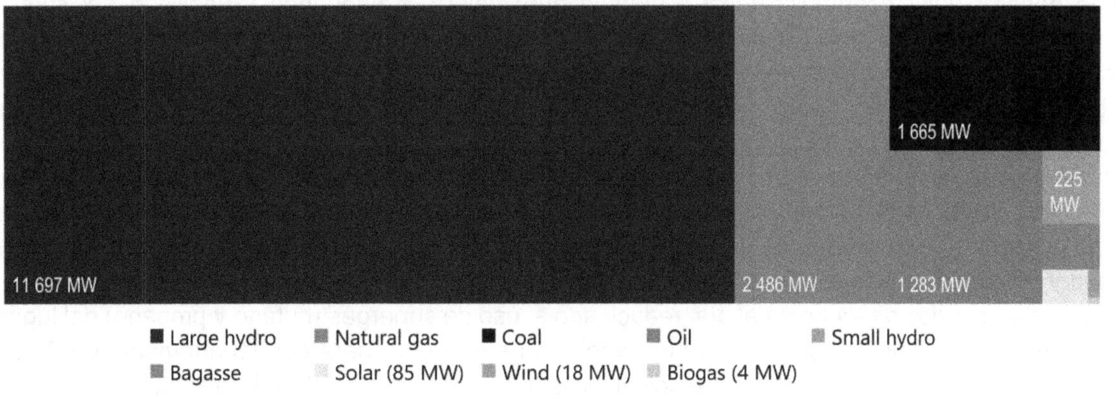

Fuente: (SIEL, 2021[49]) Generation Statistics Queries (base de datos).

StatLink https://stat.link/ja9fuy

Este porcentaje de FNCER está previsto que aumente, ya que en 2022 entrarán en funcionamiento otros 2,5 GW, acelerados en parte por el éxito de las primeras subastas de energía renovable del país en 2019 (Djunisic, 2020[50]). De hecho, el Foro Económico Mundial incluyó a Colombia en su Índice de Transición Energética 2020 como el país que más ha avanzado en materia de energías renovables en América Latina y el Caribe, gracias en particular a la introducción de las primeras subastas del país (WEF, 2020[51]). Si bien se celebró una subasta en febrero de 2019, la cual no tuvo éxito debido a problemas de concentración del mercado, se celebró una segunda subasta con éxito en octubre de 2019, en la que se aseguraron más de 1,3 GW de nuevos proyectos eólicos y solares, con una adjudicación basada en costos de generación competitivos. Los siete proyectos eólicos y tres solares fotovoltaicos seleccionados representaron una inversión estimada de 2.200 millones de dólares, principalmente de grandes actores internacionales y nacionales como Trina Solar, EDP Renovables, Celsia y Jemeiwaa Ka'I (IRENA and USAID, 2021[52]).

Además de las subastas, la UPME también aprobó 5,2 GW de energía solar y 2,5 GW de energía eólica en 2020 (Djunisic, 2020[50]). Cuando se combinan con la subasta de octubre de 2019, estas adiciones previstas deberían añadir al menos 2,5 GW de capacidad de electricidad renovable para 2022, lo que corresponde a alrededor del 12% de la capacidad de generación de energía eléctrica de Colombia prevista (20 GW) para entonces (ITA, 2021[53]). También se adjudicaron 0,8 GW de nueva capacidad en una tercera subasta celebrada en octubre de 2021, con 11 proyectos solares por un valor estimado de 875 millones de dólares (Renewables Now, 2021[54]). Entre los participantes se encontraban actores nacionales como Empresas Públicas de Medellín (EPM), Celsia, Empresas de Urrá y Fotovoltaica Arrayanes. También hubo promotores internacionales, como la eléctrica francesa EDF, el fabricante chino-canadiense Canadian Solar, la italiana Enel y las empresas solares españolas Solarpack y Genersol (XM, 2021[55]). Los 0,8 GW adjudicados deberían entrar en funcionamiento en 2023 (Scully, 2021[56]).

Estas adiciones de capacidad en los últimos años han apoyado en gran medida el progreso solar y eólico en Colombia, mientras que, por el contrario, las adiciones de bioenergía previstas siguen siendo limitadas a unos 48 MW de capacidad que entrarán en funcionamiento en 2022. Además, a pesar del potencial de la bioenergía para desempeñar un papel en la reducción de la dependencia de Colombia de los combustibles fósiles, no se adjudicó ninguna capacidad de este tipo en las subastas de 2019 ni en las recientes de 2021, a pesar de que participaron proyectos de bioenergía. Esto se debió en parte a la competencia directa con los costos decrecientes de la energía solar y eólica, donde la subasta de la generación de electricidad (en costo por kWh) no necesariamente captura otros beneficios socioeconómicos de los proyectos de bioenergía, como el valor de la reducción de los residuos a los vertederos y la capacidad de suministrar electricidad confiable en áreas no conectadas a la red nacional.

Las experiencias en otros países, como la iniciativa "Biovalor"[14] en Uruguay, destacan cómo la bioenergía puede generar valor económico local al tiempo que mejora la seguridad y fiabilidad del suministro energético. Biovalor es una iniciativa del gobierno de Uruguay, apoyada por la Organización de las Naciones Unidas para el Desarrollo Industrial. Desde 2016, la iniciativa ha cofinanciado ocho proyectos de bioenergía, que están transformando los residuos locales agrícolas, industriales y municipales en energía y/u otros bioproductos como biofertilizantes (Biovalor, 2021[57]). Además de reducir más de 100.000 toneladas de residuos anuales, los proyectos han contribuido a desarrollar la capacidad técnica local y las soluciones tecnológicas energéticas (por ejemplo, biodigestores para la producción a micro y pequeña escala). En un proyecto, se instaló un pequeño biodigestor (12 litros de residuos al día) en un comedor municipal, cuyos residuos orgánicos producen suficiente biogás para abastecer los fogones de la cocina durante dos o tres horas al día, reduciendo el uso de supergás (butano y propano) del lugar a la mitad. En otro proyecto, un biodigestor instalado en una granja lechera del departamento de San José empezó a generar unos 240 kWh de electricidad al día a finales de 2019, lo que permite a la granja funcionar casi de forma independiente durante las caras horas punta y exportar unos 2,8 MWh de electricidad al mes a la red nacional. Soluciones similares a estas podrían aplicarse en Colombia, por ejemplo en la ZNI, y ayudarían a garantizar una generación de electricidad segura y fiable a través de los recursos disponibles en las cercanías, con posibles beneficios añadidos para las empresas locales.

Las adiciones de capacidad de bioenergía necesitan un impulso si quieren alcanzar su potencial

A pesar del prometedor crecimiento de la cogeneración de bioenergía a mediados de la década de 2010, las nuevas incorporaciones de capacidad comenzaron a ralentizarse en 2017 y desde entonces se han estancado (Figura 1.7). En junio de 2021, el registro de proyectos de generación de la UPME[15] solo contaba con dos proyectos de bioenergía propuestos en revisión, que representaban unos 26 MW de adiciones de capacidad. En comparación, había más de 200 proyectos solares en revisión, que representaban 11 GW de adiciones propuestas, y otros cinco proyectos de energía térmica (combustibles fósiles) en revisión añadirían 2,6 GW de capacidad de generación de electricidad (UPME, 2021[58]).

Figura 1.7. Capacidad de cogeneración de biomasa instalada, excedentes y ventas de electricidad, 2011-2020

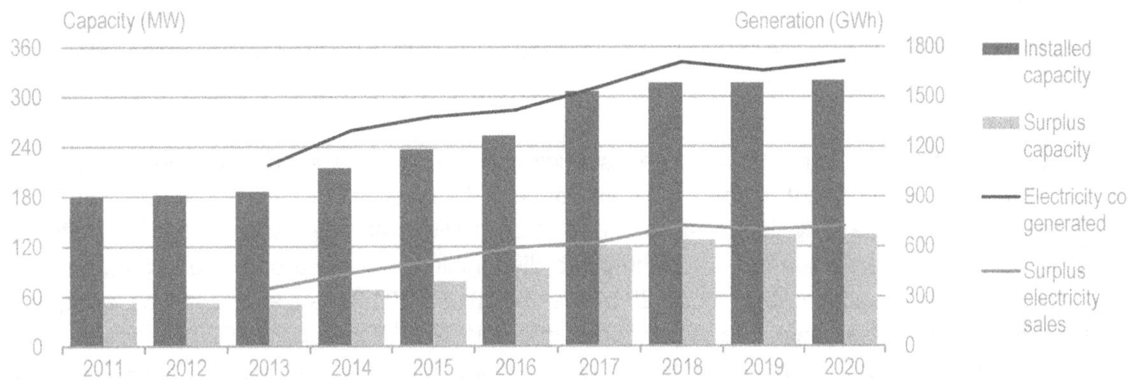

Fuente: adaptado de (Asocaña, 2021[36]).

StatLink https://stat.link/u4spzg

Parte de la ralentización del desarrollo de proyectos de bioenergía está relacionada con la competencia en los precios. El más reciente Plan de Expansión de Referencia Generación - Transmisión de la UPME para 2020-34[16] destacó que los costos medios de inversión (capex) para la cogeneración con biomasa y otras tecnologías bioenergéticas estaban entre los más caros de las tecnologías potenciales de FNCER (en USD por kilovatio). Además, la experiencia en el desarrollo de la bioenergía se ha restringido en su mayor parte a la cogeneración en las industrias de la caña de azúcar y el aceite de palma, e incluso entonces, se trata de un número relativamente limitado de aplicaciones. En 2021, solo 13 plantas de cogeneración vendían a la red, lo que representa unos 150 MW de capacidad (UPME, 2021[59]). La mayor parte de esta capacidad (ocho plantas) se alimenta de bagazo, y el resto utiliza bagazo combinado con carbón o gas natural (XM, 2020[61]) (Tabla 1.2). Las tecnologías como la digestión anaeróbica suelen tener niveles de capex más bajos que otros proyectos de bioenergía como las plantas de gasificación o incineración (Alzate-Arias et al., 2018[60]). Aun así, en promedio, el capex de la bioenergía es mucho mayor que el de la eólica y casi el doble que el de la solar.

Además, la experiencia con los desarrollos de bioenergía se ha limitado en su mayoría a la cogeneración en las industrias de la caña de azúcar y el aceite de palma, e incluso entonces, es un número relativamente limitado de aplicaciones. En 2021, solo había 13 plantas de cogeneración en funcionamiento, que representaban unos 150 MW de capacidad vendida a la red (UPME, 2021[59]). La mayor parte de esta capacidad (ocho plantas) se alimenta de bagazo, y el resto utiliza bagazo combinado con carbón o gas natural (XM, 2020[61]).

Tabla 1.2. Capex por tecnología según el plan de expansión de referencia de la UPME para 2020-2034

Tecnología	USD por kilovatio		
	Mínimo	*Media*	*Máximo*
Carbón	1 300	1 900	2 500
Petróleo		1 613	
Gas natural	1 086	1 150	1 213
Grandes hidroeléctricas	1 704	1 792	1 880
Pequeñas hidroeléctricas		2 542	
Eólica	1 108	1 454	1 800
Solar	710	1 105	1 500
Bioenergía	950	2 200	4500
Cogeneración de biomasa		2 141	
Geotérmica		4 500	

Fuentes: (UPME, 2020[62]) Plan de Expansión de Referencia de Generación y Transporte 2020-2034 y correspondencia de la OCDE con la UPME.

En términos de crecimiento, la mayor parte de las adiciones de cogeneración de bioenergía se produjeron entre 2014 y 2017, gracias sobre todo a la aprobación de la Ley 1715 de 2014 (Ley de Energías Renovables de Colombia)[17] y luego a la Resolución UPME 45 de 2016,[18] que permitió a los autogeneradores conectarse a la red. La electricidad disponible en la red a partir de la cogeneración de bagazo aumentó en consecuencia de 51 a 120 MW entre 2014 y 2017 (Asocaña, 2014[63]), aunque luego se desaceleró considerablemente, y la capacidad solo creció 14 MW más para 2020 (Asocaña, 2021[36]). Se espera que los nuevos desarrollos aumenten la capacidad total hasta unos 206 MW de cogeneración de bagazo conectados a la red en 2024, aunque de nuevo procedentes de las industrias del azúcar y la palma.

En los últimos años se han puesto en marcha algunos proyectos de autogeneración (actores de la industria con generación de energía in situ) que utilizan bioenergía, debido en parte a las reformas políticas sobre medición neta y también gracias a una serie de exenciones fiscales con normas de depreciación acelerada en virtud de la Ley de Energías Renovables de 2014. Sin embargo, a pesar de esto, la autogeneración de bioenergía sigue siendo poco común, y solo se aprobaron 2,9 MW de capacidad para nuevas conexiones a la red en 2021. En comparación, se aprobaron 34 MW de energía solar fotovoltaica in situ para su conexión como autogeneradores (UPME, 2021[64]).

Otras incorporaciones de generación de bioenergía siguen limitadas a un puñado de proyectos. En concreto, en 2016 se conectaron a la red tres plantas de digestión anaeróbica (biogás), que suponen 4 MW de capacidad instalada (SIEL, 2021[49]). En estos casos, la energía se produce a partir del tratamiento de aguas residuales y de la recuperación del metano de los vertederos. Por ejemplo, la instalación de biogás de Bogotá Doña Juana (1,7 MW) produce electricidad que se vende a la red nacional a partir de las emisiones de los vertederos. Aunque se trata de un ejemplo prometedor del potencial de este sector para producir energía conectada a la red, la mayor parte de los residuos industriales y municipales de Colombia se eliminan en uno de los 62 vertederos regionales oficiales que no cuentan con ningún tipo de clasificación o recuperación de residuos. Los bajos cargos por vertido contribuyen a esta falta de tratamiento posterior (RVO, 2021[29]).

Para hacer frente a la falta de incentivos para captar el potencial de conversión de residuos en energía, otros países han aumentado las tasas de vertido, han propuesto medidas políticas más estrictas que limitan el vertido de residuos o han aplicado una combinación de dichas medidas. Por ejemplo, China ha tomado varias medidas en los últimos años para reciclar residuos valiosos y reducir la cantidad de RSU que se depositan en los vertederos (Zhu et al., 2020[65]) (Yan et al., 2019[66]). Para ello, se ha reforzado el entorno normativo del país en materia de RSU, se han aumentado las tasas de vertido y se ha ofrecido apoyo financiero a las instalaciones de reciclaje, gestión de residuos y conversión de residuos en energía. Se adoptaron medidas similares en la Unión Europea, donde además de una regulación asertiva sobre el vertido, también se han utilizado múltiples medidas reglamentarias, económicas y administrativas para fomentar los proyectos de bioenergía (Recuadro 1.1).

Los países también han aplicado medidas más específicas para fomentar el aumento de la capacidad bioenergética. Esto incluye medidas para abordar el desarrollo de proyectos de bioenergía frente a fuentes de energía cada vez más competitivas, como la solar y la eólica. Por ejemplo, Dinamarca, al igual que Colombia, tiene un gran potencial de materias primas procedentes de los residuos agrícolas, además de los precios competitivos del mercado eólico marino del país. Para promover el aumento de la capacidad bioenergética, el gobierno adoptó una serie de medidas para fomentar la producción y el uso de esos recursos, incluso mediante señales políticas a largo plazo sobre el papel que se espera que desempeñe el biogás en la transición energética limpia de Dinamarca hasta 2050. Iniciativas como las subvenciones para proyectos de biogás y la financiación en el marco del Programa de Desarrollo y Demostración de Tecnologías Energéticas del país también contribuyeron a permitir un rápido crecimiento de la producción de biogás en la última década. De hecho, en 2020, el biogás ya constituía alrededor del 20% del suministro energético de Dinamarca (MoF, 2021[67]).

Para hacer posible una sólida cartera de proyectos de bioenergía y conversión de residuos en energía en Colombia se requerirán acciones políticas similares para fomentar el desarrollo y abordar retos como la creciente competencia con los proyectos solares y eólicos. Por ejemplo, la UPME puede destacar la oportunidad de los proyectos de bioenergía aclarando los objetivos de energía limpia mediante señales como las de la Directiva europea sobre energías renovables, que incluyó "la biomasa, los gases de vertedero, los gases de las plantas de tratamiento de aguas residuales y los biogases" como fuentes no fósiles en el marco del objetivo jurídicamente vinculante de alcanzar un 15% de energía procedente de fuentes renovables. El gobierno también puede recurrir a las experiencias de otros países, basándose en las buenas prácticas que, por ejemplo, permitieron el preprocesamiento y el coprocesamiento de los RSU en la producción de cemento en Japón, Estados Unidos, Australia, Brasil y Sudáfrica (Hasanbeigi et al., 2021[68]). Otras medidas pueden incluir la colaboración con socios internacionales y locales para mejorar la concienciación sobre las soluciones bioenergéticas y reforzar la capacidad de aplicarlas (véase el Anexo A sobre el Programa de Reciclaje Orgánico, o Reciclos Orgánicos).

Recuadro 1.1. Aplicación de diferentes medidas que fomentan el desarrollo de la bioenergía en Europa

La legislación de la Unión Europea desaconseja la eliminación en vertederos y ha sido una fuerza impulsora del despliegue de soluciones bioenergéticas como los digestores anaeróbicos, las plantas de compostaje y la incineración de residuos. En concreto, la Directiva de la Unión Europea de 1999 relativa al vertido de residuos[19] sitúa la eliminación en vertederos como la opción menos preferible en la jerarquía de residuos[20]. El vertido de material orgánico está totalmente prohibido en varios países, como Suecia, Suiza, Austria y Alemania. Las tasas de vertido, como el impuesto de 132 dólares por tonelada de residuos en el Reino Unido, también incentivan el aumento de la clasificación, el tratamiento y la recuperación para la producción de energía.

En total, entre 2005 y 2017 se pusieron en marcha más de 700 medidas económicas, reglamentarias y administrativas en toda la Unión Europea para apoyar soluciones bioenergéticas como las tecnologías de digestión anaeróbica. Alrededor de 150 de estas medidas eran incentivos financieros destinados a crear condiciones de financiación e inversión más favorables para el biogás. En conjunto, las diversas medidas ayudaron a que las plantas de biogás en Europa aumentaran sustancialmente, pasando de unas seis mil instalaciones en 2009 a casi 18 mil plantas en 2017.

Varios países europeos también combinaron sistemas para promover el despliegue de la tecnología bioenergética. Esto incluyó el uso de tarifas de alimentación, primas de alimentación, cuotas, sistemas de certificados negociables y licitaciones. En términos generales, la tendencia desde mediados de la década de 2010 fue el uso de mecanismos de mercado de capacidad que combinan las tarifas de alimentación, las primas de alimentación y las licitaciones, por ejemplo, en Alemania, Francia, Italia y el Reino Unido. La combinación de tarifas y primas de alimentación también se utilizó en Bulgaria, Irlanda, Letonia y Croacia. Al mismo tiempo, la evolución de la segunda mitad de la década de 2010 sugiere que estas incorporaciones al mercado de capacidad, incluyendo el creciente uso de las subastas, pueden tener un efecto adverso en el despliegue de la bioenergía, ya que el ritmo de los proyectos de biogás en Europa se redujo desde 2014. Al mismo tiempo, esto también puede deberse a la importante proporción de bioenergía en las matrices energéticas generales de los países europeos, por ejemplo, en los países nórdicos, donde la conversión de residuos en energía es bastante frecuente.

No obstante, la experiencia europea pone de manifiesto que unas señales políticas claras, combinadas con medidas reguladoras, la fijación de precios de los vertederos y otros incentivos financieros, fomentan una sólida reserva de alternativas a la eliminación de residuos. Estas medidas combinadas en Europa han sido especialmente eficaces para fomentar la adopción de soluciones tecnológicas como la digestión anaeróbica, que sin este amplio entorno favorable habría tenido un camino mucho más difícil hacia el desarrollo del mercado.

Fuentes: (Banja et al., 2019[69]); (Government of the United Kingdom, 2021[70])

Referencias

Alzate-Arias, S. et al. (2018), "Assessment of government incentives for energy from waste in Colombia", *Sustainability (Switzerland)*, Vol. 10/4, http://dx.doi.org/10.3390/SU10041294. [60]

Asocaña (2021), *Annual Report (Informe Annual) 2020-2021*, Colombian Sugarcane Growers Association (Asociación de Cultivadores de Caña de Azúcar, Asocaña), https://www.asocana.org/documentos/1782021-3772D9B2-00FF00,000A000,878787,C3C3C3,FF00FF,2D2D2D,A3C4B5.pdf (accessed on 8 September 2021). [36]

Asocaña (2014), *The Colombian sugar sector, more than sugar, a renewable energy source for the country: co-generation (Cogeneracion - El Sector Azucarero Colombiano, más que azúcar, una fuente de energía renovable para el país)*, Colombian Sugarcane Growers Association (Asociación de Cultivadores de Caña de Azúcar, Asocaña), https://www.asocana.org/documentos/2692014-90F926BD-00FF00,000A000,878787,C3C3C3,0F0F0F,B4B4B4,FF00FF,2D2D2D.pdf (accessed on 15 September 2021). [63]

Banja, M. et al. (2019), "Support for biogas in the EU electricity sector – A comparative analysis", *Biomass and Bioenergy*, Vol. 128, p. 105313, http://dx.doi.org/10.1016/J.BIOMBIOE.2019.105313. [69]

BBVA (2019), *Colombia Automotive Outlook 2019*, BBVA Research, https://www.bbvaresearch.com/en/publicaciones/automotive-situation-colombia-2019/ (accessed on 3 August 2021). [32]

Benavides, J. and A. Cadena (2018), *Electricity market in Colombia: transition to a decentralized architecture (Mercado eléctrico en Colombia: transición hacia una arquitectura descentralizada)*, Foundation for Higher Education and Development (Fundación para la Educación Superior y el Desarrollo, Fedesarrollo), https://www.repository.fedesarrollo.org.co/bitstream/handle/11445/3673/Repor_Octubre_2018_Benavides_y_Cadena.pdf?sequence=1&isAllowed=y (accessed on 16 September 2021). [23]

Biovalor (2021), *Biovalor Project: Generating value with agro-industrial waste (Proyecto Biovalor: Generando valor con residuos agro-industriales)*, https://biovalor.gub.uy/ (accessed on 17 September 2021). [57]

ClimateWatch (2021), *Historical Greenhouse Gas Emissions: Colombia*, https://www.climatewatchdata.org/ghg-emissions?chartType=area&end_year=2018&regions=COL&start_year=1990 (accessed on 16 September 2021). [28]

Djunisic, S. (2020), *Colombia approves 7.7 GW of renewables outside of auctions*, Renewables Now, https://renewablesnow.com/news/colombia-approves-77-gw-of-renewables-outside-of-auctions-685572/ (accessed on 17 September 2021). [50]

DNP (2016), "National Council for Economic and Social Policy (Consejo Nacional de Política Económica y Social, CONPES) No. 3874", in *National Policy for the integral management of Solid Waste (Política Nacional para la gestión integral de los Residuos Sólidos)*, National Planning Department (Departamento Nacional de Planeación, DNP), Government of the Republic of Colombia. [31]

Duarte, S., B. Loaiza and A. Majano (2021), *From practice to politics: analysis of investment barriers for biogas in Colombia and measures to address them, based on the experience of developers and other relevant actors (De la práctica a la política: análisis de las barreras a la inversión en biogás en Colombia y las medidas para abordarlas, a partir de la experiencia de los desarrolladores y otros actores relevantes)*, LEDS-LAC, https://ledslac.org/wp-content/uploads/2021/08/Informe-final-biogas-Colombia-v.06082021-final.pdf (accessed on 16 September 2021). [30]

EFE (2021), *Foreign investment boosts renewable energy in Colombia (La inversión extranjera impulsa las energías renovables en Colombia)*, https://www.efe.com/efe/america/economia/la-inversion-extranjera-impulsa-las-energias-renovables-en-colombia/20000011-4577328 (accessed on 3 September 2021). [4]

EIA (2020), *Colombia*, United States Energy Information Administration (EIA), https://www.eia.gov/international/data/country/COL (accessed on 27 August 2021). [7]

FAO (2003), *Review of World Water Resources by Country*, Food and Agriculture Organization (FAO) of the United Nations, http://www.fao.org/publications/card/en/c/Y4473E/ (accessed on 3 September 2021). [11]

Garces, E. et al. (2021), "Lessons from last mile electrification in Colombia: Examining the policy framework and outcomes for sustainability", *Energy Research & Social Science*, Vol. 79, pp. 102-156, http://dx.doi.org/10.1016/J.ERSS.2021.102156. [41]

Global Energy Monitor (2021), *Global Coal Plant Tracker*, https://endcoal.org/global-coal-plant-tracker/ (accessed on 21 September 2021). [43]

Government of Colombia (2019), *National Circular Economy Strategy Content: closing of material cycles, technological innovation, collaboration and new business models (Estrategia Nacional de Economía Circular Contenido: cierre de ciclos de materiales, innovación tecnológica, colaboración y nuevos modelos de negocio)*, Ministry of Environment and Sustainable Development (Ministerio de Ambiente y Desarrollo Sustenible) and Ministry of Commerce, Trade and Tourism (Ministerio de Comercio, Industria y Turismo), http://www.andi.com.co/Uploads/Estrategia%20Nacional%20de%20EconA%CC%83%C2%B3mia%20Circular-2019%20Final.pdf_637176135049017259.pdf (accessed on 16 September 2021). [24]

Government of the United Kingdom (2021), *Landfill Tax Rates*, HM Revenue & Customs, https://www.gov.uk/government/publications/rates-and-allowances-landfill-tax/landfill-tax-rates-from-1-april-2013. [70]

Hasanbeigi, A. et al. (2021), *International best practices for pre-processing and co-processing municipal solid waste and sewage sludge in the cement industry*, Lawrence Berkeley National Laboryator, https://www.eceee.org/library/conference_proceedings/eceee_Industrial_Summer_Study/2012/2-sustainable-production-design-and-supply-chain-initiatives/international-best-practices-for-pre-processing-and-co-processing-municipal-solid-waste-and-sewage-sludge-in-the-cement-industry/ (accessed on 17 September 2021). [68]

IADB (2016), *Colombia: Renewable Energy Financing Program for the Non-Interconnected Zones*, Inter-American Development Bank (IADB), Washington, D.C., https://www.greenfinancelac.org/wp-content/uploads/2016/09/PP___Project_Profile.pdf (accessed on 17 September 2021). [38]

IDEAM (2020), *Average wind speed at 10 meters above sea level (Velocidad promedio del viento a 10 metros de altura)*, Institute of Hydrology, Meteorology and Environmental Studies (Instituto de Hidrología, Meteorología y Estudios Ambientales, IDEAM), http://atlas.ideam.gov.co/visorAtlasVientos.html (accessed on 3 September 2021). [15]

IDEAM (2020), *Daily mean horizontal global irradiation (Irradiacion global horizontal media diaria)*, Institute of Hydrology, Meteorology and Environmental Studies (Instituto de Hidrología, Meteorología y Estudios Ambientales, IDEAM), http://atlas.ideam.gov.co/visorAtlasRadiacion.html (accessed on 3 September 2021). [20]

IEA (2021), *Energy Transitions Indicators*, International Energy Agency (IEA), https://www.iea.org/reports/energy-transitions-indicators (accessed on 3 September 2021). [37]

IEA (2021), *World Energy Balances*, International Energy Agency (IEA), https://www.iea.org/data-and-statistics/data-product/world-energy-balances (accessed on 3 September 2021). [6]

IEA (2020), *SDG7: Data and Projections*, International Energy Agency (IEA), Paris, https://www.iea.org/reports/sdg7-data-and-projections (accessed on 21 September 2021). [40]

IHA (2020), *Country profile: Colombia*, International Hydropower Association (IHA), https://www.hydropower.org/country-profiles/colombia (accessed on 16 September 2021). [12]

IRENA (2020), *Renewable Energy and Jobs: Annual Review 2020*, International Renewable Energy Agency, https://www.irena.org/-/media/files/IRENA/Agency/Publication/2020/Sep/IRENA_RE_Jobs_2020.pdf (accessed on 16 September 2021). [27]

IRENA (2020), *Statistics Time Series*, International Renewable Energy Agency (IRENA), https://www.irena.org/Statistics/View-Data-by-Topic/Capacity-and-Generation/Statistics-Time-Series (accessed on 16 September 2021). [19]

IRENA and USAID (2021), *Renewable energy auctions in Colombia: context, design and results*, International Renewable Energy Agency (IRENA) and United States Agency for International Development (USAID), https://www.irena.org/publications/2021/March/Renewable-energy-auctions-in-Colombia. [52]

ITA (2021), *Colombia - Country Commercial Guide*, International Trade Administration (ITA), United States Department of Commerce, https://www.trade.gov/knowledge-product/exporting-colombia-market-overview (accessed on 16 September 2021). [2]

ITA (2021), *Energy Resource Guide - 2021 Edition: Colombia - Renewable Energy*, International Trade Administration (ITA), United States Department of Commerce, https://www.trade.gov/energy-resource-guide-colombia-renewable-energy-2 (accessed on 17 September 2021). [53]

López, A. et al. (2020), “Solar PV generation in Colombia: a qualitative and quantitative approach to analyze the potential of solar energy market”, *Renewable Energy*, Vol. 148, pp. 1266-1279, http://dx.doi.org/10.1016/J.RENENE.2019.10.066. [21]

Minambiente (2021), *The El Niño phenomenon is already impacting Colombia (El fenómeno de El Niño ya está impactando Colombia)*, Ministry of Environment and Sustainable Development (Ministerio de Ambiente y Desarrollo Sostenible), https://www.minambiente.gov.co/index.php/noticias/4234-el-fenomeno-de-el-nino-ya-esta-impactando-colombia-minambiente (accessed on 21 September 2021). [44]

MoF (2021), *Go green with the strong bioenergy industry in Denmark*, Ministry of Foreign Affairs (MoF), Government of Denmark, https://investindk.com/set-up-a-business/cleantech/bioenergy (accessed on 17 September 2021). [67]

Mordor Intelligence (2020), *Colombia wind energy warket: growth, trends, COVID-19 impact, and forecasts (2021-2026)*, Mordor Intelligence, https://www.mordorintelligence.com/industry-reports/colombia-wind-energy-market (accessed on 3 September 2021). [14]

Norton Rose Fulbright (2016), *Renewable energy in Latin America*, https://www.nortonrosefulbright.com/en/knowledge/publications/b09be352/renewable-energy-in-latin-america-colombia (accessed on 6 July 2021). [13]

OECD (2021), *Colombia: Progress in the net zero transition*, https://www.oecd.org/regional/RO2021%20Colombia.pdf (accessed on 21 September 2021). [42]

OECD (2019), *Taxing Energy Use 2019: Country Note – Colombia*, Organisation for Economic Co-operation and Development (OECD), Paris, http://oecd.org/tax/tax-policy/taxing-energy-use-colombia.pdf (accessed on 6 January 2022). [39]

Parra, L. et al. (2020), "Assessing the Complementarities of Colombia's Renewable Power Plants", *Frontiers in Energy Research*, p. 280, http://dx.doi.org/10.3389/FENRG.2020.575240. [45]

Pedrick, J. (ed.) (2020), *Colombia LNG imports rise on drought-depleted hydropower reservoirs*, S&P Global Platts, https://www.spglobal.com/platts/en/market-insights/latest-news/electric-power/051920-colombia-lng-imports-rise-on-drought-depleted-hydropower-reservoirs (accessed on 3 September 2021). [10]

Procolombia (2021), *Non-conventional energy sources | Invest in Colombia*, The Renewable Energy Sector in Colombia, https://investincolombia.com.co/en/sectors/energy/renewable-energy (accessed on 3 September 2021). [5]

REN21 (2014), *Renewables 2014: Global Status Report*, REN21, https://www.ren21.net/wp-content/uploads/2019/05/GSR2014_Full-Report_English.pdf (accessed on 16 September 2021). [22]

Renewables Now (2021), *Solar projects for 796.3 MW win in Colombia's renewables auction*, News, https://renewablesnow.com/news/solar-projects-for-7963-mw-win-in-colombias-renewables-auction-758784/ (accessed on 30 November 2021). [54]

Reuters (2021), "Life expectancy for Colombia's proven oil reserves closed 2020 stable at 6.3 years", https://www.reuters.com/business/energy/life-expectancy-colombias-proven-oil-reserves-closed-2020-stable-63-years-2021-06-01/ (accessed on 3 September 2021). [9]

Rueda-Ordóñez, D. et al. (2019), "Environmental and economic assessment of the co-firing of the coal-bagassemixture in the Colombian sugarcane mills", *Revista UIS Ingenierías*, Vol. 18/2, pp. 77-88, http://dx.doi.org/10.18273/REVUIN.V18N2-2019007. [33]

RVO (2021), *Waste Management in the LATAM Region: Business Opportunities for the Netherlands in waste/circular economy sector in eight countries of Latin America*, The Netherlands Enterprise Agency (RVO), https://www.rvo.nl/sites/default/files/2021/02/Report_LATAM_Waste_Management_feb_2021.pdf (accessed on 16 September 2021). [29]

Santander Trade (2021), *Colombian economic outline*, https://santandertrade.com/en/portal/analyse-markets/colombia/economic-outline (accessed on 17 September 2021). [35]

Scully, J. (2021), "Colombia awards 800MW of solar in third renewables auction - PV Tech", *PV Tech*, https://www.pv-tech.org/colombia-awards-800mw-of-solar-in-third-renewables-auction/ (accessed on 29 November 2021). [56]

SIEL (2021), *Generation Statistics Queries (Consultas Estadísticas de Generación) (database)*, Colombian Electrical Information System (Sistema de Informacion Eléctrico Colombiano), http://www.siel.gov.co/Inicio/Generaci%C3%B3n/Generaci%C3%B3n1/tabid/143/Default.aspx (accessed on 16 September 2021). [49]

The Royal Society (2008), *Sustainable biofuels: prospects and challenges*, https://royalsociety.org/topics-policy/publications/2008/sustainable-biofuels/ (accessed on 17 September 2021). [34]

Universidad Nacional de Colombia (ed.) (2017), *Estimation of the potential for biogas conversion from biomass in Colombia and its use (Estimaciòn del potencial de conversiòn a biogàs de la biomasa en Colombia y su aprovechamiento)*, Planning Unit of the Ministry of Mines and Energy (Unidad de Planeación Minero Energética, UPME), http://bdigital.upme.gov.co/jspui/handle/001/1317 (accessed on 17 September 2021). [26]

UPME (2021), *(Project Registry) Registro de proyectos*, Mining and Energy Planning Unit (Unidad de Planeación Minero Energética), https://www1.upme.gov.co/Paginas/Registro.aspx (accessed on 7 October 2021). [58]

UPME (2021), *Effective generation capacity (Capacidad efectiva de generación)*, Planning Unit of the Ministry of Mines and Energy (Unidad de Planeación Minero Energética, UPME), http://www.upme.gov.co/Reports/Default.aspx?ReportPath=%2fSIEL+UPME%2fGeneraci%u00f3n%2fCapacidad+Efectiva+de+Generaci%u00f3n+(SIN) (accessed on 17 September 2021). [59]

UPME (2021), *Self-generation and distributed generation requests 2021 (Solicitudes de autogeneración y generación distribuida 2021)*, Planning Unit of the Ministry of Mines and Energy (Unidad de Planeación Minero Energética, UPME), https://public.tableau.com/app/profile/upme/viz/AutogeneracionyGeneracionDistribuida2021/Historia1 (accessed on 17 September 2021). [64]

UPME (2020), *Generation and Transmission Reference Expansion Plan 2020-2034 (Plan de expansión de referencia generación – transmisión 2020-2034)*, Planning Unit of the Ministry of Mines and Energy (Unidad de Planeación Minero Energética, UPME), http://www.siel.gov.co/Inicio/Generaci%c3%b3n/PlanesdeExpansi%c3%b3nGeneraci%c3%b3nTransmisi%c3%b3n/tabid/111/Default.aspx (accessed on 17 September 2021). [62]

UPME (2020), *National Energy Plan 2020-2050 (Plan Energético Nacional 2020-2050)*, Planning Unit of the Ministry of Mines and Energy (Unidad de Planeación Minero Energética, UPME), http://www1.upme.gov.co/DemandayEficiencia/Documents/PEN_2020_2050/Plan_Energetico_Nacional_2020_2050.pdf (accessed on 17 September 2021). [47]

UPME (2015), *Integration of non-conventional renewable energy in Colombia (Integración de las energías renovables no convencionales en Colombia)*, Planning Unit of the Ministry of Mines and Energy (Unidad de Planeación Minero Energética, UPME), http://www.upme.gov.co/Estudios/2015/Integracion_Energias_Renovables/INTEGRACION_ENERGIAS_RENOVANLES_WEB.pdf (accessed on 16 September 2021). [16]

UPME (2011), *Atlas of the energy potential of residual biomass in Colombia (Atlas del potencial energético de la Biomasa residual en Colombia)*, Planning Unit of the Ministry of Mines and Energy (Unidad de Planeación Minero Energética, UPME), https://www1.upme.gov.co/siame/Paginas/atlas-del-potencial-energetico-de-la-biomasa.aspx (accessed on 3 September 2021). [25]

Vesga, I. (2021), *Colombia Has High Potential for Renewable Energy*, Holland and Knight, https://www.hklaw.com/en/insights/publications/2021/03/colombia-has-high-potential-for-renewable-energy (accessed on 6 July 2021). [17]

WEF (2020), *Energy Transition Index 2020: from crisis to rebound*, World Economic Forum (WEF), https://www.weforum.org/reports/fostering-effective-energy-transition-2020 (accessed on 17 September 2021). [51]

WITS (2021), *Colombia Trade*, World Integrated Trade Solution (WITS), https://wits.worldbank.org/countrysnapshot/en/col/textview (accessed on 16 September 2021). [1]

World Bank (2021), *Foreign direct investment, net inflows (% of GDP)*, International Monetary Fund, International Financial Statistics and Balance of Payments databases, World Bank, International Debt Statistics, and World Bank and OECD GDP estimates, https://data.worldbank.org/indicator/BX.KLT.DINV.WD.GD.ZS?end=2019&start=1995 (accessed on 1 October 2021). [3]

World Bank (2021), *World Bank Development Indicators (database)*, World Bank, https://databank.worldbank.org/source/world-development-indicators. [8]

World Bank (2020), *Solar resource maps of Germany*, Global Solar Atlas 2.0, https://solargis.com/maps-and-gis-data/download/germany (accessed on 16 September 2021). [18]

World Bank (2019), *Learning from Developing Country Power Market Experiences : The Case of Colombia*, World Bank Group, Washington DC, https://documents.worldbank.org/en/publication/documents-reports/documentdetail/898231552316685139/learning-from-developing-country-power-market-experiences-the-case-of-colombia (accessed on 27 August 2021). [46]

World Energy (2019), *Case study series - Extreme Weather: El Niño, Colombia 2015/16*, World Energy Council, https://www.worldenergy.org/assets/downloads/El_ni%C3%B1o_Colombia_-Extreme_weather_conditions_SEP2019.pdf (accessed on 6 July 2021). [48]

XM (2021), *Results of auction CLPE-03 2021 (Resultados subasta CLPE-03 2021)*, Auctions (Subasta), https://www.xm.com.co/SubastaCLPE2021/Informe%20Resultados%20Nueva%20Subasta%202021.pdf (accessed on 30 November 2021). [55]

XM (2020), *Monitoring Report - Co-generators (Informe Seguimiento Cogeneradores)*, Market Experts Company (Compañía Expertos en Mercados, XM), https://www.xm.com.co/Informe%20Trimestral%20de%20Seguimiento%20a%20Cogeneradores/2021/INFORME_COGENERADORES_Julio_2021.pdf (accessed on 17 September 2021). [61]

Yan, M. et al. (2019), "Municipal Solid Waste Management and Treatment in China", *Sustainable Waste Management Challenges in Developing Countries*, pp. 86-114, http://dx.doi.org/10.4018/978-1-7998-0198-6.CH004. [66]

Zhu, Y. et al. (2020), "A review of municipal solid waste in China: characteristics, compositions, influential factors and treatment technologies", *Environment, Development and Sustainability 2020 23:5*, Vol. 23/5, pp. 6603-6622, http://dx.doi.org/10.1007/S10668-020-00959-9. [65]

Notas

[1] Para más información (en español), ver: https://www.minenergia.gov.co/plan-5-caribe.

[2] Los biocombustibles y residuos pueden incluir: biocombustibles sólidos primarios como la leña; biogases; residuos municipales (renovables y no renovables) y residuos industriales; carbón vegetal y otros biocombustibles (por ejemplo, biogasolina, biodiesel y otros biocombustibles líquidos). Para más información sobre las definiciones de productos de la Agencia Internacional de la Energía, véase: http://wds.iea.org/wds/pdf/WORLDBAL_Documentation.pdf.

[3] El uso tradicional de la biomasa se refiere a la combustión de madera, residuos animales y carbón vegetal tradicional. Para más información: https://www.irena.org/bioenergy.

[4] Para más información, véase la documentación de la base de datos de los *World Energy Balances* de la Agencia Internacional de la Energía: http://wds.iea.org/wds/pdf/WORLDBAL_Documentation.pdf.

[5] Para más información, véase: https://mnre.gov.in/bio-energy/schemes.

[6] Para más información, véase: https://www.funcionpublica.gov.co/eva/gestornormativo/norma.php?i=79140

[7] Para más información, véase: https://www.funcionpublica.gov.co/eva/gestornormativo/norma.php?i=87765

[8] Para más información (en español), véase: https://www.funcionpublica.gov.co/eva/gestornormativo/norma.php?i=4633.

[9] Para más información (en español), véase:
https://www.funcionpublica.gov.co/eva/gestornormativo/norma.php?i=4631.

[10] Para más información (en español), véase:
http://www1.upme.gov.co/DemandayEficiencia/Documents/PEN_2020_2050/Plan_Energetico_Nacional_2020_2050.pdf.

[11] Las obligaciones de energía firme son el compromiso de entregar electricidad y/o calor (energía) en todo momento durante el período cubierto por los términos de la subasta, incluso en condiciones adversas.

[12] Las subastas se rigen por el artículo 2 de la Resolución CREG 71 de 2006. Para más información (en español), véase: http://apolo.creg.gov.co/Publicac.nsf/Indice01/Resolucion-2006-Creg071-2006.

[13] Las Fuentes No Convencionales de Energía Renovable, se definieron en el artículo 5 de la Ley 1715 de 2014 (la "Ley de Energías Renovables") e incluyen la bioenergía, la energía hidroeléctrica a pequeña escala, la eólica, la geotérmica, la solar y la mareomotriz. Para más información sobre la Ley 1715 (en español), véase: http://www.secretariasenado.gov.co/senado/basedoc/ley_1715_2014.html.

[14] Para más información (en español), véase: https://biovalor.gub.uy/.

[15] Para más información (en español), véase:
http://www.siel.gov.co/Inicio/Generaci%C3%B3n/Inscripci%C3%B3ndeproyectosdeGeneraci%C3%B3n/tabid/113/Default.aspx.

[16] Para más información (en español), véase:
http://www.upme.gov.co/Docs/Plan_Expansion/2020/Volumen3_Plan_Expansion_Generacion_Transmision_2020_2034_Final.pdf.

[17] Para más información (en español), véase:
http://www.minminas.gov.co/documents/10180//23517//22602-11506.pdf.

[18] Para más información (en español), véase: https://www.incp.org.co/Site/2016/info/archivos/resolucion-045-minminas.pdf.

[19] Más información disponible en: https://eur-lex.europa.eu/legal-content/EN/TXT/?uri=CELEX:31999L0031.

[20] Más información disponible en: https://ec.europa.eu/environment/topics/waste-and-recycling/waste-framework-directive_en.

2 Planificación y gobierno para el desarrollo de la bioenergía

Los ambiciosos objetivos de descarbonización de Colombia están respaldados por una serie de estrategias como la Política de Crecimiento Verde y la próxima Política de Transición Energética. Sin embargo, los combustibles fósiles representan aún más de la mitad de las perspectivas de suministro de energía para 2050. Por lo tanto, se necesita una estrategia más clara para la transición de energía limpia de Colombia para alentar el financiamiento y la inversión en soluciones de energía renovable. Esto incluye reflejar las necesidades y oportunidades del sector eléctrico a largo plazo dentro de los planes de expansión de generación a corto y mediano plazo, que actualmente no reflejan el valor técnico o socioeconómico de las posibles soluciones de energía limpia como la producción de electricidad con biometano. Medidas adicionales, como un proceso de planeación y aprobación más simplificado para proyectos de generación de energía, pueden ayudar igualmente a reducir las barreras para el desarrollo de la bioenergía.

Puntos destacados

- Colombia ha presentado una serie de estrategias de política nacional que hacen hincapié en el compromiso del país con la acción climática, pero las oportunidades de la bioenergía, más allá de las menciones de alto nivel, no se explican claramente en los planes de transición energética hasta 2050.
- La naturaleza intersectorial de los proyectos de bioenergía puede implicar a múltiples actores y varias normativas, lo que hace que el entorno político sea complejo para los promotores. La mejora de la planificación y la coordinación entre las autoridades gubernamentales y las partes interesadas ayudará a identificar y racionalizar los obstáculos a los proyectos de bioenergía.
- Aunque la descarbonización se considera una prioridad en los planes energéticos nacionales, los combustibles fósiles siguen representando entre el 55% y el 66% del suministro energético hasta 2050. Explicar una estrategia clara sobre cómo el gobierno planea lograr la transición energética limpia y sus objetivos de reducción de emisiones fomentará el desarrollo y la inversión en soluciones bioenergéticas como el biogás.
- La confianza en los proyectos actuales del Plan de Expansión de la Generación y el Transporte de Referencia no refleja las oportunidades técnicas ni el valor socioeconómico de las posibles soluciones de energía limpia, como la producción de electricidad con biometano. Los planes de generación pueden hacer más por reflejar las ambiciones políticas utilizando modelos tecno-económicos que consideren cómo satisfacer las necesidades del sistema eléctrico de la manera más eficiente o aceptable, como suele hacerse en otros países.
- El proceso de aprobación de proyectos de generación de electricidad y de conexión a la red, que dura varios años, puede suponer un obstáculo para los proyectos de bioenergía, sobre todo para los promotores más pequeños, que pueden necesitar apoyo para desenvolverse en múltiples entornos políticos. Acortar los plazos y facilitar el proceso de planificación y aprobación puede ayudar a crear una reserva temprana de proyectos de bioenergía y atraer un mayor interés en el desarrollo de futuras adiciones de capacidad.

Colombia solo representa alrededor del 0,5 % de las emisiones mundiales de GEI (ClimateWatch, 2021[1]), pero el país ha establecido, no obstante, ambiciosos objetivos de reducción de emisiones en su NDC (siglas en inglés para las Contribuciones Determinadas a Nivel Nacional) recientemente revisada en el marco del Acuerdo de París, con el objetivo de reducir las emisiones en un 51 % para 2030 con el apoyo de financiación internacional adecuado (Climate Action Tracker, 2021[2]). Este objetivo es superior al 30% indicado anteriormente en la NDC de Colombia de 2015 (Government of Colombia, 2015[3]), lo que demuestra el compromiso del país con la acción climática en la escena internacional. La actualización también se alinea más estrechamente con las ambiciones de lograr la neutralidad de carbono para el año 2050, según lo establecido por el Ministerio de Ambiente y Desarrollo Sostenible (MADS) en su estrategia a largo plazo para enfrentar el cambio climático (MADS, 2020[4]).

Para lograr estos objetivos de reducción de emisiones, Colombia cuenta con una serie de estrategias políticas nacionales que tocan la transición energética limpia del país, incluyendo la Política de Crecimiento Verde de 2018 del gobierno,[1] la Estrategia Nacional de Economía Circular de 2019[2] y una política de transición energética (prevista para finales de 2021). Dados los abundantes recursos bioenergéticos de Colombia, las estrategias toman nota del papel que estas soluciones pueden desempeñar en el apoyo a los objetivos de descarbonización a través de la sustitución de combustibles fósiles (por ejemplo, a través de la producción de biogás), al tiempo que abordan el impacto ambiental de los flujos de residuos de Colombia.

Al mismo tiempo, la política estratégica de Colombia sigue incluyendo una notable dependencia de los combustibles fósiles en la visión energética a largo plazo del país hasta 2050, y las menciones a la bioenergía, aunque se han señalado, siguen siendo de un nivel relativamente alto y poco específico. Por lo tanto, una indicación más clara ayudaría a establecer el papel que se espera que desempeñen estas oportunidades en la reducción de las emisiones hasta 2050, sobre todo teniendo en cuenta la naturaleza más compleja de los proyectos de bioenergía (por ejemplo, en el abastecimiento, la clasificación y el tratamiento de los residuos). Un marco político más estratégico para la bioenergía también ayudaría a adaptar cualquier medida o apoyo político para estimular el crecimiento del mercado, por ejemplo, para soluciones como el biogás y la producción de biometano que todavía no han ganado una tracción real. Este tipo de estrategia nacional para el desarrollo de la bioenergía fomentaría igualmente un marco institucional más coherente, sobre todo teniendo en cuenta el número de actores y políticas que afectan a los flujos de residuos agrícolas, industriales y municipales.

Una mayor coordinación institucional facilitaría el desarrollo de la bioenergía

La transición energética limpia de Colombia y el papel potencial de la bioenergía para diversificar la matriz energética del país se abordan en una serie de estrategias nacionales establecidas por el Consejo Nacional de Política Económica y Social (CONPES). Estas estrategias, coordinadas por el Departamento Nacional de Planeación (DNP), proporcionan un marco de planificación general para evaluar y dirigir las prioridades políticas de los organismos gubernamentales, donde el DNP es el organismo administrativo ejecutivo encargado de dirigir, coordinar y definir las políticas públicas y económicas intersectoriales.

El Ministerio de Minas y Energía (MME) es entonces la principal autoridad del sector energético, mientras que otros organismos gubernamentales también influyen en el mercado energético y en la política relacionada con la bioenergía y los residuos (Figura 2.1). Por ejemplo, el MME supervisa la regulación del mercado de la electricidad, pero el regulador del gas y la energía, la CREG, establece las normas y las funciones de los agentes participantes en el mercado de la electricidad. La CREG también establece los criterios de elegibilidad para los incentivos de las Fuentes No Convencionales de Energía Renovable (FNCER), incluyendo los proyectos de bioenergía relacionados.

Figura 2.1. Autoridades que influyen en el gobierno nacional de la bioenergía en Colombia

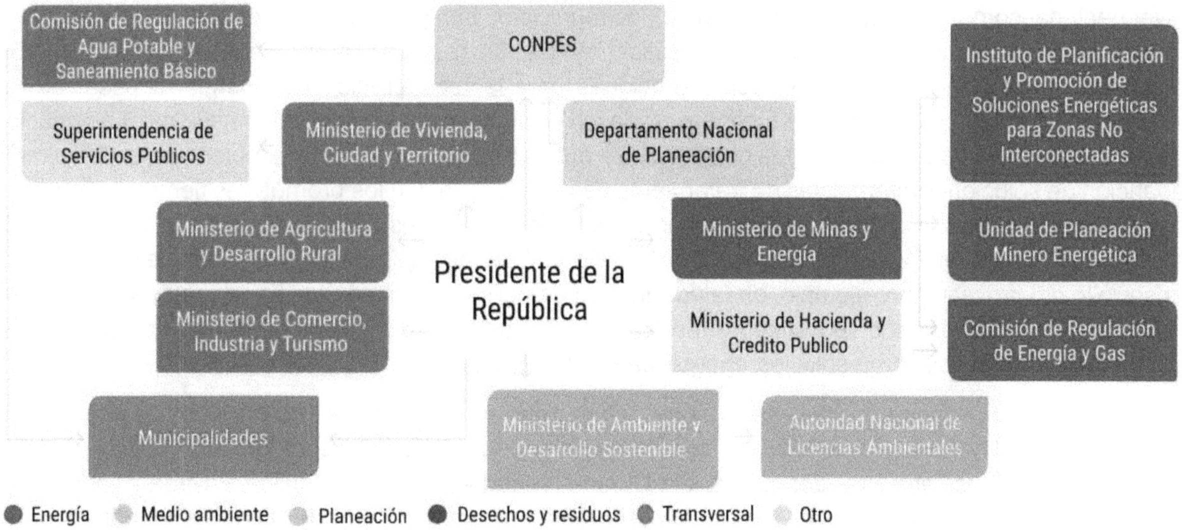

Nota: La tabla solo refleja el gobierno a nivel nacional y no tiene en cuenta las autoridades subnacionales que influyen en la bioenergía.
Fuente: Adaptado de (OCDE, 2021[75])

Dentro del MME, la unidad de planificación, UPME, supervisa y determina la estrategia energética a largo plazo del país, incluyendo de manera importante el PEN, que estableció escenarios a largo plazo para el desarrollo de las energías renovables. La UPME también establece estrategias energéticas de corto a mediano plazo para el desarrollo de las FNCER a través de su Plan de Expansión de Generación y Transmisión de Referencia, y parte de esto es tocado por el Instituto de Planificación y Promoción de Soluciones Energéticas para Zonas No Interconectadas (IPSE). En concreto, el IPSE planifica, identifica, ejecuta y supervisa las soluciones energéticas sostenibles para las ZNI.

El amplio alcance de la bioenergía y los residuos hace que varios otros ministerios influyan en el marco político de estos proyectos. Por ejemplo, el Ministerio de Agricultura y Desarrollo Rural supervisa la política rural y agrícola, mientras que el Ministerio de Vivienda, Ciudad y Territorio se encarga de la política de planificación urbana, incluyendo los servicios de agua, residuos y saneamiento. El Ministerio de Comercio, Industria y Turismo también influye en el uso potencial de la bioenergía, por ejemplo, a través de su política y normativa industrial. Además, el MADS y la Autoridad Nacional de Licencias Ambientales son responsables de cualquier política y licencia medioambiental relacionada.

El MADS y el Ministerio de Vivienda, Ciudad y Territorio son dos ministerios especialmente importantes por su papel en la supervisión de los flujos de residuos (incluida la colaboración con el Ministerio de Agricultura en materia de residuos orgánicos) que son la materia prima de los proyectos de bioenergía. Por ejemplo, el Ministerio de Vivienda supervisa la Superintendencia de Servicios Públicos Domiciliarios y la Comisión de Regulación de Agua Potable y Saneamiento Básico, que regulan cada una de las entidades de gestión de residuos, así como el diseño y la aplicación de políticas relacionadas, como las tarifas de residuos municipales en los vertederos. Asimismo, el MADS supervisa las políticas medioambientales relacionadas con el programa de responsabilidad ampliada del productor de Colombia,[3] que trabaja con la industria para mejorar la gestión del final del ciclo de vida de los residuos postconsumo, como los envases de plástico, las pilas y los neumáticos. Esto, por supuesto, también afecta a las políticas y normativas supervisadas por el Ministerio de Comercio, Industria y Turismo.

Dada la naturaleza intersectorial de las oportunidades de la bioenergía (por ejemplo, tocando la eliminación en vertederos y la política industrial), el progreso en el desarrollo de proyectos puede verse obstaculizado, en parte, por el gran número de actores involucrados, sin que éstos estén necesariamente bien coordinados. Actualmente no existen mecanismos para garantizar que los objetivos ministeriales y los marcos políticos resultantes sobre los flujos de residuos y el desarrollo de la bioenergía estén alineados (DNP, 2018[5]). El cumplimiento y la supervisión también pueden recaer en diferentes autoridades tanto a nivel nacional como subnacional. Por ejemplo, los municipios son directamente responsables del diseño y la aplicación de sus propios planes de gestión integral de residuos de 12 años (RVO, 2021[6]). Sin embargo, estos planes no incluyen consideraciones para la recuperación de energía, a pesar de las alusiones a las oportunidades de la bioenergía y la economía circular en la política nacional. La variación de las condiciones normativas locales con múltiples autoridades responsables también puede dificultar la aparición de soluciones alternativas de tratamiento de residuos, ya que los promotores tienen que navegar por el complejo entorno político que afecta a la cadena de actividades relacionadas con los proyectos de bioenergía (Chambers and Partners, 2020[7]). Esto puede agregar niveles de complejidad para el desarrollo del proyecto, por ejemplo, en la adquisición de permisos y licencias. En la práctica, también ha provocado que los residuos se transporten a largas distancias para ser eliminados en otros vertederos, en lugar de emplearlos como solución energética local alternativa.

De hecho, la yuxtaposición de autoridades relevantes es evidente en la reciente Estrategia de Bioeconomía del gobierno,[4] que fue desarrollada en participación con no menos de seis ministerios, junto con el DNP, la Consejería Presidencial para la Competitividad y la Gestión Pública-Privada y varios otros socios (Government of Colombia, 2020[8]). La estrategia esboza una serie de objetivos y oportunidades importantes para apoyar el logro de la visión del gobierno para una bioeconomía competitiva, pero no llega a esbozar cómo se coordinarán estas acciones entre las autoridades pertinentes. De hecho, tanto la Política de Crecimiento Verde de 2018 como la Estrategia Nacional de Economía Circular de 2019 destacaron esta cuestión, haciendo hincapié en que el potencial no aprovechado de la recuperación del flujo de residuos para la producción de energía requerirá una coordinación institucional reforzada.

Para apoyar una sólida reserva de desarrollo de bioenergía y abrir la puerta a las oportunidades de inversión en estos proyectos, el gobierno debe basarse en sus ambiciosas estrategias de energía limpia y bioeconomía con una mayor planificación y coordinación entre las instituciones gubernamentales pertinentes y las partes interesadas relacionadas. Esto ayudaría a identificar y racionalizar los obstáculos en el entorno normativo para los proyectos de bioenergía y conversión de residuos en energía, al tiempo que se mejoraría el uso de los recursos gubernamentales nacionales y subnacionales en apoyo del desarrollo de proyectos. El aumento del diálogo entre las partes interesadas públicas y privadas también ayudará a coordinar las actividades para identificar y apoyar proyectos viables. Dicha coordinación podría ser dirigida por el DNP, en su papel de gestor de la política pública y económica intersectorial, o posiblemente a través de un grupo de trabajo especial entre los actores clave, como los que participan en la Estrategia de Bioenergía 2020.

Un ejemplo de dicha cooperación para el desarrollo de la bioenergía es la Mesa Interinstitucional de Bioenergía que se creó en Ecuador. La Mesa se creó para coordinar las acciones de varias autoridades políticas con el fin de identificar e implementar medidas que permitan el desarrollo de actividades relacionadas con la bioenergía, incluyendo la creación de nuevas cadenas de valor y medidas que tengan un impacto positivo en la balanza comercial del país.[5] En 2013 se creó en Estados Unidos un grupo de trabajo similar, conocido como Consejo de Coordinación de Productos de Base Biológica y Bioenergía.[6] Este Consejo proporcionó un foro bajo el Departamento de Agricultura para que los organismos gubernamentales coordinaran, facilitaran y promovieran los productos de base biológica y la bioenergía a partir de materiales agrícolas y forestales.

La planificación estratégica puede definir las oportunidades de los proyectos de bioenergía

El PEN de la UPME estableció el marco a largo plazo de la política energética nacional y esbozó cuatro vías energéticas hasta 2050, basadas en grados crecientes de descarbonización a través de la penetración de tecnologías renovables y de eficiencia energética, así como a través de elementos de cambio en el comportamiento de los consumidores (Figura 2.2). Estas vías van desde la trayectoria habitual ("actualización"), que continúa con las tendencias actuales del mercado y de las políticas, hasta un escenario de "disrupción" con avances tecnológicos que lograrían niveles más profundos de reducción de emisiones, con especial atención a la penetración del hidrógeno verde. En medio, el escenario de "modernización" se centra específicamente en el gas natural como combustible de transición, y el escenario de "inflexión" se centra en el aumento de la electrificación con una mayor penetración de las energías renovables (incluida la bioenergía, la energía eólica costa afuera y las tecnologías geotérmicas), así como algo de energía nuclear.

En el escenario de actualización, la demanda de energía crecerá un 48% con respecto a los niveles de 2019, impulsada en particular por el crecimiento económico previsto y el continuo aumento de la renta de los hogares. La fuerte dependencia del carbón y del petróleo conduce a un crecimiento del 55% de las emisiones relacionadas con la energía para 2050 con respecto a los niveles de 2019, mientras que, en el escenario de modernización, el mayor uso del gas natural y del gas licuado de petróleo ayuda a la transición de la demanda de energía lejos del carbón, en línea con las ambiciones políticas actualmente declaradas. Aun así, las emisiones relacionadas con la energía siguen aumentando en el escenario de modernización, aunque de forma menos acusada que en el caso de actualización. Por lo tanto, ninguna de las dos vías se ajusta a la Contribución Determinada a Nivel Nacional (NDC por su sigla en inglés) de Colombia hasta 2030 ni a las ambiciones de descarbonización a largo plazo del gobierno.

Los escenarios de inflexión y disrupción requieren un cambio más sustancial en las prioridades de la política energética. Esto incluye mayores niveles de penetración de las energías renovables, así como el apoyo al desarrollo y despliegue de tecnologías "disruptivas" como la captura y el almacenamiento de carbono. En ambas vías alternativas se reducen las emisiones en comparación con el escenario de actualización hasta 2050 (en un 23% y un 41%, respectivamente), en parte debido a un menor crecimiento de la demanda de energía (por ejemplo, mediante medidas de eficiencia energética) y debido al uso de fuentes de energía renovables (junto con una mayor electrificación). Sin embargo, solo el escenario de perturbación conduce a una reducción absoluta (19%) de las emisiones relacionadas con la energía en relación con la línea de base de 2019. Este escenario también se basa en gran medida en el despliegue de la producción de hidrógeno verde (renovable).

Mientras que la descarbonización se destaca como una prioridad en las tres alternativas al crecimiento sin cambios, ninguna de estas vías se alinea de manera directa con los nuevos objetivos de la NDC de Colombia hasta 2030, ni con las ambiciones de avanzar hacia la neutralidad del carbono para 2050, como se establece en la estrategia a largo plazo del MADS para hacer frente al cambio climático. Específicamente, los combustibles fósiles siguen siendo un componente central de todos los escenarios energéticos, representando hasta el 55% y el 66% del suministro de energía a través de las vías hasta 2050 (UPME, 2020[9]). Las energías renovables desempeñan un papel cada vez más importante en los escenarios de inflexión y disrupción de las emisiones de carbono, pero el uso general de la bioenergía, a pesar del gran potencial técnico, no cambia sustancialmente en todos los escenarios. Además, los "biocombustibles y residuos", que incluyen el uso tradicional de la biomasa, así como formas modernas de bioenergía y biocombustibles, no se desglosan en las perspectivas para 2050, y la conversión de residuos en energía no se incluye en absoluto en los escenarios. Así, aunque el mensaje del PEN destaca ciertos combustibles, como el biogás, como recurso potencial para la generación de electricidad y como insumo para el suministro de energía (por ejemplo, como sustituto del gas natural), no se ofrecen objetivos eventuales en los escenarios.

Figura 2.2. Escenarios del PEN por consumo de combustible, emisiones y combinación de capacidad eléctrica, 2019-2050

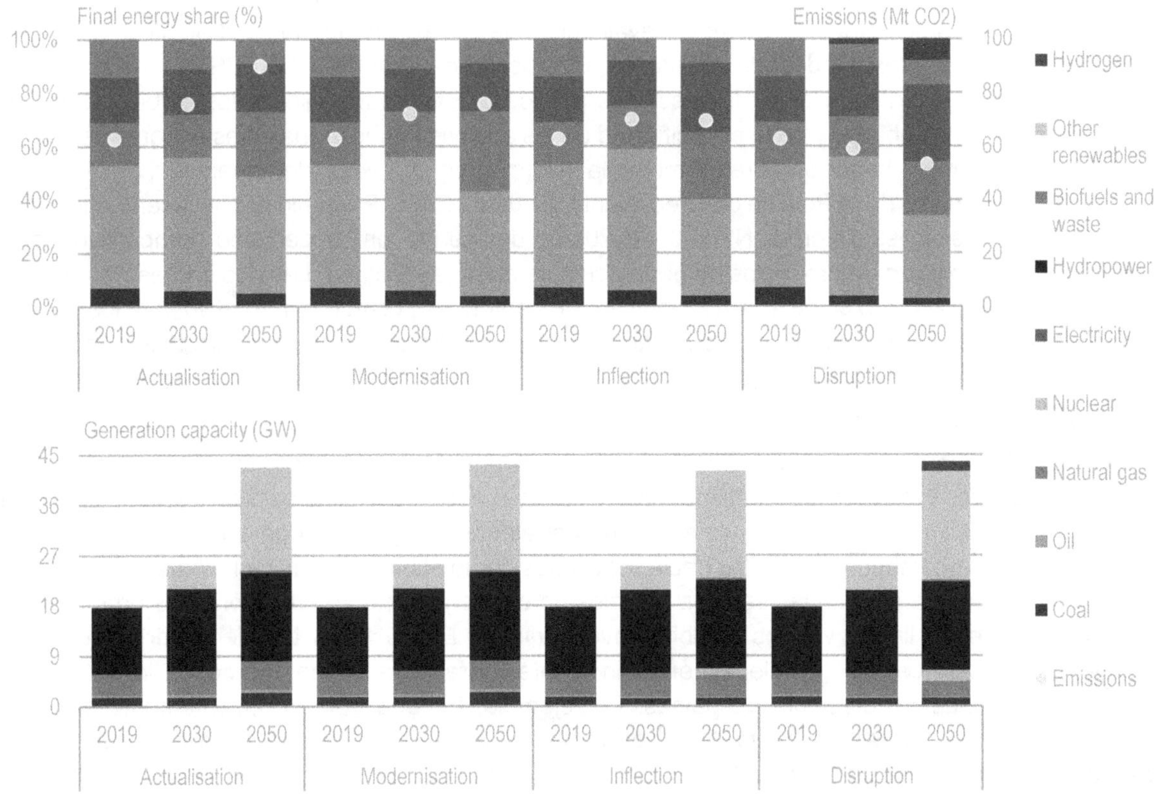

Fuente: adaptado de (UPME, 2020[9]).

StatLink https://stat.link/9cxmdz

Los objetivos de la bioenergía en la agenda de energías limpias apoyarán el desarrollo de proyectos

Una estrategia de transición energética más clara puede proporcionar niveles de despliegue específicos para señalar la intención de Colombia de desarrollar soluciones bioenergéticas en línea con sus objetivos de desarrollo sostenible. Esto incluye la provisión de objetivos de descarbonización más específicos para el sector energético en general, ya que éstos no se incluyeron en la NDC recientemente revisada. En su lugar, la actualización solo proporcionó objetivos de alto nivel para diversificar la matriz energética del país, por ejemplo, promoviendo la autogeneración de electricidad a través de fuentes de combustible alternativas y transformando la generación de electricidad en ZNI. Esto deja un gran vacío en cuanto a los detalles esperados sobre cómo sería la matriz energética para lograr estos objetivos, incluyendo dónde apoyarían soluciones como el desarrollo de la bioenergía para lograr la transición energética limpia del país.

Explicar estos detalles sobre cómo el gobierno planea alcanzar su NDC enviará señales más fuertes sobre las expectativas y oportunidades para el desarrollo de la energía limpia. La UPME debería considerar el desarrollo de un escenario explícito de la NDC, subrayando cómo Colombia puede alcanzar sus objetivos de reducción del 51% de las emisiones para 2030 mediante el despliegue de tecnologías específicas de energía limpia y con el apoyo internacional adecuado. Esto enviaría una indicación más clara sobre las prioridades políticas y las oportunidades de inversión con respecto a la trayectoria de transición energética prevista por el gobierno a medio y largo plazo. También ayudaría a aclarar cuál de los escenarios del PEN, o quizás qué elementos dentro de las diferentes vías, se espera que alcancen la NDC del país.

La preparación en curso por parte del DNP de un marco CONPES para la transición energética limpia debería ayudar a proporcionar una mejor evaluación de estas prioridades estratégicas de política energética durante la próxima década y más allá. El proceso general del CONPES es una herramienta eficaz para definir, coordinar y dirigir las acciones políticas de todos los ministerios, si bien su impacto depende del nivel de ambición y de la especificidad de las acciones esbozadas en este marco estratégico. Un ejemplo relevante es la acción para promover la inversión en proyectos de generación de electricidad con FNCER en el marco de la Política de Crecimiento Verde de 2018. Para ello fue necesario que el MME diera orientaciones en su Decreto Nº 570 de 2018,[7] definiendo un mecanismo competitivo para la contratación a largo plazo de proyectos de generación de energía eléctrica. Las posteriores Resoluciones del MME Nº 40791[8] y Nº 40795 de 2018[9] proporcionaron entonces el entorno normativo para los contratos de compraventa de energía, así como la orientación operativa para las subastas de electricidad renovable. Sin ellas, el progreso de las energías renovables en los últimos años probablemente habría sido considerablemente más lento.

Cuando el DNP finalice su próximo CONPES sobre la transición energética, será importante que las medidas posteriores expliquen los objetivos y las acciones políticas previstas para descarbonizar el sector energético. Esto incluye la definición clara de una estrategia a largo plazo para la transición desde la dependencia de los combustibles fósiles hacia soluciones como el biogás y las tecnologías de conversión de residuos en energía, ya que las señales actuales no ofrecen suficiente previsión a los promotores de proyectos de energía limpia y a los posibles inversionistas. El CONPES también podría recomendar acciones para establecer objetivos legalmente vinculantes para la transición energética limpia, como se ha hecho en un número creciente de países. Por ejemplo, España aprobó recientemente su Ley de Cambio Climático y Transición Energética[10] en mayo de 2021, estableciendo una hoja de ruta para alcanzar la neutralidad de carbono en 2050, con objetivos específicos para duplicar la penetración de las energías renovables en 2030 (Climática, 2021[10]). El Reino Unido también consagró sus objetivos de reducción de emisiones en mayo de 2021 en el marco del sexto Presupuesto de Carbono del gobierno,[11] limitando legalmente las emisiones del país a una reducción del 78% para 2035, en comparación con los niveles de 1990 (Government of the United Kingdom, 2021[11]). Asamblea Nacional de Francia también aprobó una ley sobre el clima[12] en 2021, en la que no solo se establecen reducciones legales de las emisiones, sino que también se fijan medidas específicas para lograr esas reducciones, por ejemplo, impidiendo futuras ampliaciones de los aeropuertos (Reuters, 2021[12]).

Los compromisos climáticos son una oportunidad para mejorar la capacidad bioenergética

Colombia ya cuenta con su propia Ley del Clima (Ley No. 1931 of 2018)[13] que proporciona directrices para la gestión del cambio climático, incluyendo la creación de un Sistema Nacional de Cambio Climático para formular, coordinar, monitorear y evaluar las políticas de mitigación y adaptación. La Ley de 2018 también estableció un Consejo Nacional de Cambio Climático para asesorar a la Comisión Intersectorial de Cambio Climático (CICC) en la toma de decisiones para lograr una articulación y gestión eficaz de las medidas de cambio climático. Otras precisiones de la Ley incluyen detalles sobre los instrumentos económicos y financieros que deben utilizar las instituciones públicas pertinentes en sus esfuerzos de mitigación y adaptación.

La Ley y las medidas posteriores, como la aprobación por parte de la CICC de 2020 de la línea de base para actualizar la NDC de Colombia, son medidas loables para potenciar la acción climática. Aun así, los detalles de cómo se alcanzarán estas ambiciones pueden explicarse con mayor firmeza, proporcionando una estrategia transparente de descarbonización a largo plazo para estimular el interés en el despliegue de medidas de reducción de emisiones, incluso en sectores no energéticos. Por ejemplo, alrededor del

23% de las emisiones de GEI del país proceden de la agricultura, y otro 31% del cambio de uso del suelo (por ejemplo, la deforestación). Otro 6,3% y 5,5% proceden de los residuos y los procesos industriales (ClimateWatch, 2021[1]). Las soluciones bioenergéticas pueden desempeñar un papel importante en la reducción de estas emisiones y de su impacto medioambiental, por ejemplo, mediante la recuperación del estiércol del ganado para la producción de biogás, lo que reduciría tanto las emisiones de GEI relacionadas con la agricultura como con la energía (por ejemplo, las procedentes de la industria y la generación de electricidad), evitando al mismo tiempo la degradación del suelo.

Estas oportunidades, y las acciones subsiguientes para hacerlas posibles, pueden establecerse con más detalle en el diseño de las medidas políticas emergentes, como la Acción de Mitigación Apropiada a Nivel Nacional (NAMA, por sus siglas en inglés) que el gobierno planea implementar en apoyo de su NDC. El establecimiento de detalles sobre las oportunidades y las ambiciones políticas para el desarrollo de la bioenergía complementaría igualmente los objetivos socioeconómicos más amplios, como los establecidos en el Plan Nacional de Desarrollo 2018-22 del país.[14] Por ejemplo, el gobierno busca apoyo para la preparación de NAMA para desarrollar soluciones de energía renovable en ZNI, donde hay fuertes recursos potenciales para mejorar el acceso a la electricidad y la fiabilidad a través de soluciones de bioenergía. Sin embargo, en la convocatoria [15] solo se mencionan los combustibles limpios, la energía solar y la eólica, mientras que la tecnología de la bioenergía y la recogida de gases de vertedero no se mencionan en la solicitud de apoyo (UNFCCC, 2021[13]). Una solicitud similar que busca apoyo para la preparación de una NAMA de Ganadería Bovina Sostenible[16] busca reducir las emisiones de la fermentación entérica, pero no señala la oportunidad de producir bioenergía como parte de esa NAMA (UNFCCC, 2021[14]). Se trata de oportunidades potencialmente pérdidas para beneficiarse del apoyo y la experiencia internacionales en el desarrollo de soluciones bioenergéticas, por ejemplo, como suministro de electricidad seguro, fiable y asequible en ZNI.

El gobierno también está considerando la formulación de una NAMA de biogás, que trataría de alinear las acciones de mitigación del clima con el uso de residuos de biomasa para la producción de energía (Government of Cololmbia, 2021[15]). La NAMA propuesta puede ser una oportunidad para perfilar las ambiciones estratégicas para el desarrollo de la bioenergía, por ejemplo, mediante la producción de biogás como sustituto de las importaciones de gas natural y GNL. También podría considerar el apoyo a la implementación pertinente para lograr el desarrollo de los objetivos de la bioeconomía y la Estrategia Nacional de Economía Circular 2020,[17] por ejemplo, mediante soluciones tecnológicas y mejores prácticas de gestión para la recuperación de residuos orgánicos. Este tipo de consideraciones, incluida la aplicación de evaluaciones como el Enfoque de la Bioenergía y la Seguridad Alimentaria,[18] también ayudarían a garantizar que el desarrollo de las cadenas de suministro de bioenergía no contribuyan a la degradación del medio ambiente (por ejemplo, la competencia por los recursos hídricos o el aumento de la deforestación para los cultivos de biocombustibles).

Estos tipos de consideraciones estratégicas y las señales políticas subsiguientes ayudarán a crear el caso de negocio para el desarrollo de la bioenergía y la inversión en estos proyectos, basándose en el impresionante marco fundacional de Colombia que ya distingue la oportunidad para las soluciones de bioenergía a través de una serie de estrategias gubernamentales. Por ejemplo, la Política Nacional para la Gestión Integral de los Residuos Sólidos (CONPES No. 3874) de 2016[19] establece la ambición de reducir los residuos que van a los vertederos mediante la promoción de la clasificación, el tratamiento, el reciclaje y la reutilización de los residuos, incluida la recuperación para la producción de energía. Afirmar el papel que se espera que desempeñen las soluciones bioenergéticas en la gestión de los residuos y en la transición hacia la energía limpia ayudará a su vez a que estas oportunidades sean más claras en un entorno político más predecible para los agentes del mercado y los inversionistas. También ayudará a identificar dónde se necesitan más medidas políticas o apoyo al mercado, por ejemplo, con respecto al aumento de las tasas de vertido o a la eliminación de obstáculos como el costo de la tecnología.

La planificación eléctrica puede hacer más para facilitar la incorporación de capacidad bioenergética

El Plan de Expansión de Generación y Transmisión de Referencia de la UPME es la principal herramienta de planificación y desarrollo de la electricidad. Se expone cada tres años con posteriores revisiones anuales. En el escenario de referencia del Plan, las adiciones de capacidad tienen en cuenta la reserva existente de proyectos de electricidad que han sido aprobados con éxito por la UPME para su desarrollo, ya sea a través de subastas de electricidad o mediante la confirmación para conectarse a la red. Las necesidades de capacidad restantes con respecto a la demanda futura esperada se determinan entonces en función del costo de la energía y de la disponibilidad previsible de las tecnologías de generación en el registro de proyectos de la UPME (concretamente, aquellos a los que aún no se les han concedido derechos de conexión a la red). Por lo tanto, los proyectos previamente aprobados desempeñan un papel fundamental en las perspectivas de generación de electricidad de referencia. En consecuencia, las tecnologías que no cuentan con una cartera de proyectos clara no están bien representadas en la planificación de la UPME.

El gran proyecto de desarrollo hidroeléctrico de Colombia, conocido como Ituango, es un determinante adicional y clave en el Plan de Expansión de Referencia. Sigue existiendo cierta incertidumbre sobre si la fase 2 del proyecto Ituango estará terminada para 2034, lo que influye en la necesidad de una mayor o menor capacidad de generación adicional. La incertidumbre en torno a este proyecto (que oscila entre 1,2 y 2,4 GW) deja una ambigüedad considerable para las FNCER, donde se recortarían más de 2,5 GW de generación eléctrica renovable si el proyecto Ituango alcanza su capacidad total. En concreto, la cuota de energía solar bajaría de 3,8 a 2 GW de capacidad prevista. La eólica pasaría de 4,6 a 3,7 GW, y la biomasa se reduciría de 56 MW a 47 MW. La cogeneración, por su parte, pasaría de 237 MW a 177 MW (Figura 2.3). En cambio, el crecimiento previsto para la generación de carbón y gas natural se mantendría sin cambios.

Figura 2.3. Variaciones en la capacidad de generación instalada según el Plan de Expansión de la UPME, 2034

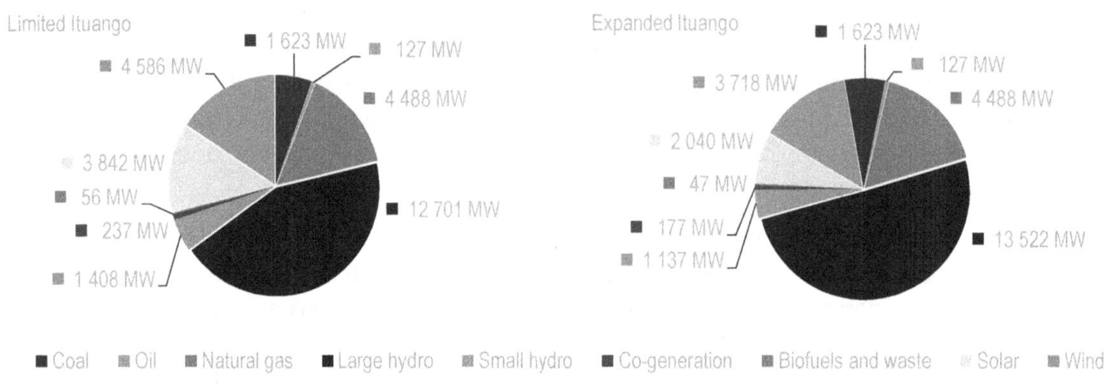

Fuente: adaptado de (UPME, 2020[16]).

StatLink https://stat.link/ebc265

El actual Plan de Expansión de Referencia para 2020-34 tiene cuatro escenarios adicionales que se modelan posteriormente: un retraso de un año en el desarrollo del proyecto Ituango; mayor influencia del fenómeno de El Niño; inclusión de un impuesto a las emisiones (USD 5 por tonelada de CO_2); y la implementación de medidas de caudal ambiental[20] que limitarían el uso de la capacidad hidroeléctrica existente. Estos escenarios tienen un impacto insignificante en la participación de las energías renovables, incluyendo las adiciones de capacidad de bioenergía, y subrayan la influencia crítica de la tubería existente de la UPME, el registro de proyectos y las solicitudes de conexión a la red en sus escenarios de generación de electricidad y el Plan de Expansión de Referencia.

Mientras que las perspectivas y los escenarios basados en las tuberías actuales no son necesariamente un problema para las proyecciones a corto plazo, la dependencia de estos proyectos en el proceso de planificación de la UPME a más medio plazo no refleja particularmente la viabilidad técnica o el valor socioeconómico general de las potenciales tecnologías de energía limpia como la producción de electricidad con biometano, incluyendo cómo estas soluciones pueden cumplir con las ambiciones de energía limpia y desarrollo sostenible del gobierno.

Se debe hacer énfasis en dar forma a una visión de electricidad limpia, fiable y asequible

En otros países, los planes de generación de electricidad suelen desarrollarse con respecto a objetivos políticos, que reflejan o aplican posteriormente modelos tecno-económicos que consideran cómo satisfacer las necesidades del sistema eléctrico de la manera más eficiente o aceptable (Recuadro 2.1). Por ejemplo, el Plan de Desarrollo Energético 2018-37 de Tailandia tiene como objetivo explícito la participación de las energías renovables en la planificación de la generación de electricidad, enviando una fuerte señal política y normativa en consonancia con el Plan de Desarrollo de Energías Alternativas del gobierno, la Estrategia Nacional sobre el Cambio Climático y su Estrategia Nacional para el Desarrollo y el Crecimiento Ecológicos (IEA, 2021[17])

En Indonesia, la Compañía Estatal de Electricidad, PLN, establece su Plan de Negocios de Electricidad de diez años, reflejando las prioridades establecidas en el Plan General de Electricidad Nacional y la Política Energética Nacional del país, que proporcionan un marco político global con respecto a la estrategia de alto nivel del gobierno para lograr la seguridad energética y la independencia energética, al tiempo que aborda la accesibilidad, la asequibilidad y la sostenibilidad del suministro de energía (OECD, 2021[18]).

Recuadro 2.1. Desarrollo de la electricidad en el marco del Plan Nacional de Energía y Clima de Grecia

El Reglamento de la Unión Europea de 2018 sobre el gobierno de la Unión de la Energía y la Acción por el Clima exigía a los Estados miembros que esbozaran sus Planes Nacionales de Energía y Clima hasta 2030. El objetivo de estos planes era proporcionar una imagen coherente de cómo los países pretenden cumplir con los objetivos climáticos y energéticos, dando mayor visibilidad a cómo se espera que evolucionen los objetivos, como las adiciones de energía renovable, durante la próxima década, al tiempo que atraen la inversión y apoyan el crecimiento del empleo.

El Gobierno de Grecia señaló en su Plan Nacional de Energía y Clima que tiene previsto aumentar la proporción de fuentes de energía renovable del 20% en 2020 a aproximadamente el 60% en 2030 (lo que equivale a 9 GW de nueva capacidad durante el período). Esto incluye la adición de energía solar y eólica, así como la ambición de aumentar el uso de la bioenergía para la calefacción, la refrigeración, el transporte y la generación de electricidad. En concreto, el país tiene previsto cuadruplicar la cuota de biomasa y biogás en la generación de electricidad hasta alcanzar 1,6 TWh en 2030. Para ello, aumentará la capacidad de generación instalada en más de 200 MW durante la próxima década. Para alcanzar esta ambición, el Plan iba acompañado de una serie de políticas y medidas previstas para apoyar la inversión, como el uso de primas de alimentación, la simplificación de los procedimientos de concesión de licencias y la priorización de la energía procedente de los residuos agrícolas, industriales y municipales.

Los objetivos de despliegue de energías limpias de Grecia se determinaron mediante una evaluación tecno-económica en la que se consideró el potencial de varias tecnologías de energías renovables para satisfacer la demanda energética del país durante la próxima década y más allá. Esta evaluación se utilizó para informar sobre las reformas del mercado y la planificación de la electricidad hasta 2030. Por ejemplo, habrá que integrar en el sistema eléctrico una elevada proporción de energías renovables variables, como la solar y la eólica, lo que influirá en el aumento de la capacidad de gas natural, que está previsto que proporcione equilibrio y reservas al sistema a medida que se vaya eliminando la antigua generación de lignito. El almacenamiento hidroeléctrico por bombeo, el almacenamiento hidroeléctrico híbrido, el almacenamiento en baterías y la capacidad de biogás también contribuirán a la fiabilidad del suministro eléctrico. Estas ampliaciones de capacidad figuran en el Plan Decenal de Desarrollo de la Red creado por el Operador Independiente de Transmisión de Energía de Grecia.

De este modo, el Plan Nacional de Energía y Clima de Grecia proporciona el compromiso político de aumentar la cuota de energía renovable, así como objetivos claros para informar la planificación del sistema energético. Estas estrategias permiten adoptar medidas políticas más específicas para alcanzar las ambiciones declaradas por Grecia, incluyendo un sentido claro de la dirección en cuanto a la adición de capacidad por tipo de tecnología. A su vez, esto ayudará a impulsar el desarrollo de proyectos y las decisiones de inversión en tecnologías de energía limpia, como las soluciones de bioenergía.

Fuente: (GoGreece, 2021[19]), (Hellenic Republic, 2019[20])y (Trinomics, 2021[21]).

El Plan Nacional de Electricidad de la India refleja igualmente un compromiso de alto nivel para transformar el sector eléctrico, concretamente manteniendo el objetivo del gobierno de desplegar 275 GW de energía renovable para 2027. El plan también da prioridad a las tecnologías de generación de electricidad (por ejemplo, la hidroeléctrica, la bioenergía y el gas natural) que pueden ayudar a cumplir con las prioridades políticas relacionadas, como los objetivos del gobierno indio sobre la reducción de la contaminación del aire y otros GEI (CEA, 2018[22]).

La UPME debería considerar la mejor manera de reflejar el papel de las tecnologías de energía limpia dentro del desarrollo de su Plan de Expansión. Por ejemplo, puede tener en cuenta las oportunidades señaladas en las ambiciones políticas de alto nivel, como las Estrategias de Bioeconomía y Economía Circular, como parte del Plan de Expansión de Referencia del país hasta 2034. La integración de estas estrategias en los planes de electricidad del país también ayudaría a evaluar la futura disponibilidad de materia prima bioenergética sostenible, por ejemplo, teniendo en cuenta la influencia de las medidas de economía circular.

Facilitar la planificación y la aprobación puede ayudar a crear una reserva de proyectos de bioenergía

La UPME también puede considerar formas de facilitar el proceso general de planificación y aprobación, que puede ignorar el impacto de los tiempos de espera para que los proyectos entren en la cartera de proyectos para luego ser considerados en el Plan de Expansión, creando así una especie de bucle recurrente en el que algunas tecnologías pueden estar sistemáticamente subrepresentadas. Esta es una consideración particular para los proyectos de bioenergía, que, al igual que otras tecnologías de energía renovable distribuida, pueden no tener la experiencia o la capacidad de navegar por un proceso de aprobación de varios años como lo harían otros grandes desarrolladores de proyectos nacionales o internacionales, por ejemplo, para los desarrollos solares y eólicos a escala de servicios públicos.

La aprobación de las ampliaciones de capacidad se produce en dos fases (Figura 2.4). La primera es la inscripción en el registro de proyectos de generación,[21] que indica si un proyecto ha superado tres años de estudios de viabilidad y evaluación. Esto incluye la evaluación de pre factibilidad en la fase 1 (incluyendo los estudios de impacto ambiental), una evaluación de la viabilidad teniendo en cuenta los aspectos técnicos y económicos en la fase 2 y, por último, la verificación de los diseños definitivos y el calendario de ejecución en la fase 3. Tras la inclusión en la lista, el segundo paso es la asignación de capacidad de red, que indica que la UPME ha aprobado la conexión para suministrar electricidad a la red, en función de la capacidad disponible en el punto de conexión. Este acuerdo debe obtenerse para que un proyecto se considere confirmado en el Plan de Expansión. Antes de pasar a la construcción, el proyecto también debe ir acompañado de una garantía bancaria, que demuestre que el desarrollo del proyecto seguirá adelante de forma sostenible.

Figura 2.4. Proceso de aprobación de proyectos de generación eléctrica y conexión a la red

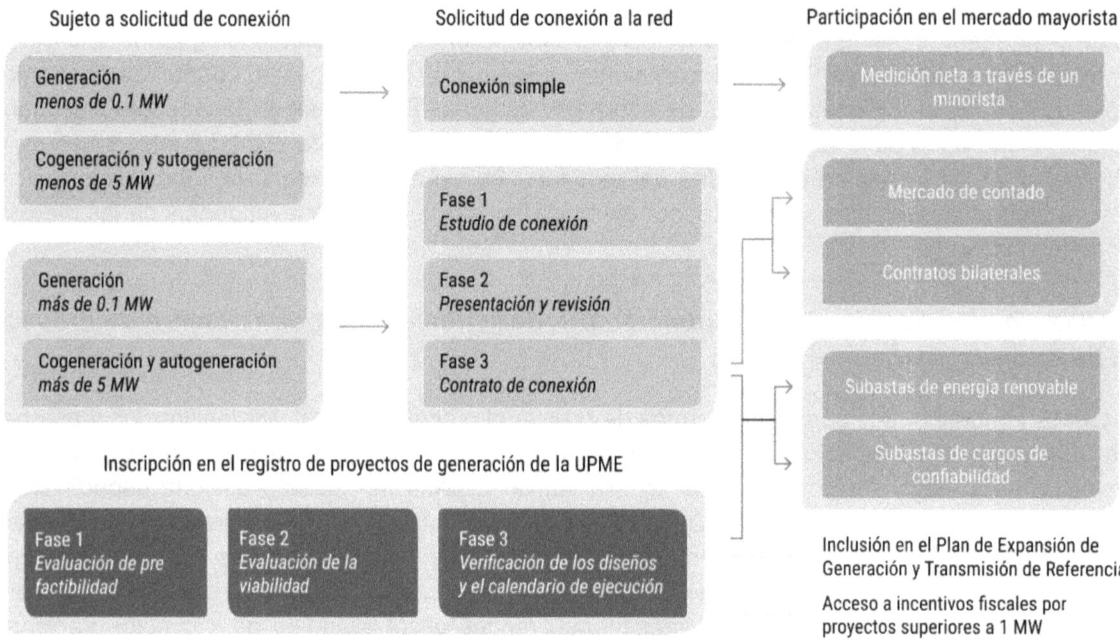

Fuente: adaptado de (UPME, 2007[23]), (UPME, 2016[24]), (CREG, 1995[25]), (CREG, 1998[26]), y (CREG, 2006[27]).

Este proceso puede suponer un obstáculo, o al menos una molestia, para algunos promotores de proyectos, como los de bioenergía, que pueden tener que pasar por una serie de entornos políticos para demostrar su viabilidad y obtener aprobaciones, no solo de las autoridades respectivas, sino también si solicitan financiación bancaria. El proceso también puede crear cuellos de botella dentro del proceso, por ejemplo, cuando los proyectos fallidos o retrasados que ya han sido aprobados para la conexión retrasan la disponibilidad de la red planificada, lo que dificulta que los nuevos proyectos obtengan derechos de conexión a la red (IRENA and USAID, 2021[28]). La CREG publicó la Resolución 233 de 2020[22] en respuesta a este problema, estableciendo, entre otras condiciones, un plazo para que los proyectos se conecten a la red. Sin embargo, la Resolución no abordó el posible cuello de botella que supone para algunos proyectos el simple hecho de llegar al proceso de aprobación (y, en consecuencia, ser incluidos en el Plan de Expansión).

Para facilitar un mayor interés e inversión en el desarrollo de la capacidad bioenergética, los esfuerzos del gobierno pueden centrarse en apoyar una reserva inicial de aprobaciones de proyectos con el registro de la UPME. Por ejemplo, un programa piloto que trabaje con los municipios podría trabajar para crear una cartera de nuevas adiciones de capacidad de biogás. La UPME también podría considerar la posibilidad de llevar a cabo una contratación pública específica para proyectos de bioenergía, en la que las consideraciones sobre los beneficios añadidos de estos proyectos (por ejemplo, capacidad de energía disponible a nivel local durante las 24 horas del día sin instalaciones de almacenamiento) podrían tenerse en cuenta en la planificación de la expansión de la generación y la transmisión. Este tipo de medidas específicas contribuiría a señalar a los promotores de proyectos el interés por desarrollar capacidad bioenergética, al tiempo que reforzaría la demostración en el mercado del potencial económico de estas tecnologías a los posibles inversionistas (RVO, 2021[6]). También ayudarían a garantizar que la futura planificación de la UPME refleje las oportunidades de la bioenergía tal y como se destaca en la política estratégica más amplia.

Referencias

CEA (2018), *National Electricity Plan: Volume I (Generation)*, Central Electricity Authority (CEA), Ministry of Power of the Government of India, https://policy.asiapacificenergy.org/sites/default/files/National%20Electricity%20Plan%20%28Volume%20I%29%20Generation.pdf (accessed on 24 September 2021). [22]

Chambers and Partners (2020), *Environmental Law 2020 - Colombia*, Environmental Law 2020, https://practiceguides.chambers.com/practice-guides/environmental-law-2020/colombia (accessed on 6 September 2021). [7]

Climate Action Tracker (2021), *Climate Target Update Tracker: Colombia*, https://climateactiontracker.org/climate-target-update-tracker/colombia/ (accessed on 21 September 2021). [2]

ClimateWatch (2021), *Historical Greenhouse Gas Emissions: Colombia*, https://www.climatewatchdata.org/ghg-emissions?chartType=area&end_year=2018&regions=COL&start_year=1990 (accessed on 16 September 2021). [1]

Climática (2021), *Definitively approved the first Climate Change Law in Spain (Aprobada la primera Ley de Cambio Climático de España)*, https://www.climatica.lamarea.com/aprobada-ley-de-cambio-climatico-espana/ (accessed on 23 September 2021). [10]

CREG (2006), *Resolución 106 de 2006*, Energy and Gas Regulatory Commission (Comisión de Regulación de Energía y Gas, CREG), http://apolo.creg.gov.co/Publicac.nsf/1c09d18d2d5ffb5b05256eee00709c02/217bfad39c5476fd0525785a007a6dab?OpenDocument (accessed on 5 October 2021). [27]

CREG (1998), *Resolución 70 de 1998*, Energy and Gas Regulatory Commission (Comisión de Regulación de Energía y Gas, CREG), http://apolo.creg.gov.co/Publicac.nsf/Indice01/Resoluci%C3%B3n-1998-CREG070-98 (accessed on 5 October 2021). [26]

CREG (1995), *Resolución 025 de 1995*, Energy and Gas Regulatory Commission (Comisión de Regulación de Energía y Gas, CREG), http://apolo.creg.gov.co/Publicac.nsf/Indice01/Resoluci%C3%B3n-1995-CRG95025 (accessed on 5 October 2021). [25]

DNP (2018), "CONPES 3934", in *Green Growth Policy (Política de Crecimiento Verde)*, National Council for Social and Economic Policy (Consejo Nacional de Política Económica y Social, CONPES), National Planning Department (Departamento Nacional de Planeación, DNP), https://colaboracion.dnp.gov.co/CDT/Conpes/Econ%C3%B3micos/3934.pdf (accessed on 6 September 2021). [5]

GoGreece (2021), *Market Reform Plan for Greece - Preliminary for consultation only-Subject to Revision*, Government of Greece, Athens. [19]

Government of Cololmbia (2021), *Consulting studies for the formulation of the biogas NAMA in Colombia (Estudios de Consultoría para la formulación del NAMA de biogás en Colombia)*, Government of Colombia. [15]

Government of Colombia (2020), *Bioeconomy for a lively and diverse Colombia: towards a knowledge-driven society (Bioeconomía para una Colombia potencia viva y diversa: hacia una sociedad impulsada por el conocimiento)*, https://minciencias.gov.co/sites/default/files/upload/paginas/bioeconomia_para_un_crecimiento_sostenible-qm_print.pdf (accessed on 22 September 2021). [8]

Government of Colombia (2015), *Intended Nationally Determined Contribution (Contribución Prevista Determinada a Nivel Nacional)*, https://www4.unfccc.int/sites/ndcstaging/PublishedDocuments/Colombia%20First/INDC%20Colombia.pdf (accessed on 21 September 2021). [3]

Government of the United Kingdom (2021), *UK enshrines new target in law to slash emissions by 78% by 2035*, https://www.gov.uk/government/news/uk-enshrines-new-target-in-law-to-slash-emissions-by-78-by-2035 (accessed on 22 September 2021). [11]

Hellenic Republic (2019), *National Energy and Climate Plan*, Ministry of Environment and Energy, Athens. [20]

IEA (2021), *The Potential Role of Carbon Pricing in Thailand's Power Sector*, International Energy Agency (IEA), Paris, https://www.iea.org/reports/the-potential-role-of-carbon-pricing-in-thailands-power-sector (accessed on 29 September 2021). [17]

IRENA and USAID (2021), *Renewable energy auctions in Colombia: context, design and results*, International Renewable Energy Agency (IRENA) and United States Agency for International Development (USAID), https://www.irena.org/publications/2021/March/Renewable-energy-auctions-in-Colombia. [28]

MADS (2020), *Colombia presented its long-term strategy to face climate change by 2050 (Colombia presentó su Estrategia de largo plazo para hacer frente al cambio climático al 2050)*, Ministry of Environment and Sustainable Development (Ministerio de Ambiente y Desarrollo Sostenible, MADS), https://www.minambiente.gov.co/index.php/noticias/4739-colombia-presento-su-estrategia-de-largo-plazo-para-hacer-frente-al-cambio-climatico-al-2050 (accessed on 21 September 2021). [4]

OECD (2021), *Clean Energy Finance and Investment Policy Review of Indonesia*, Green Finance and Investment, OECD Publishing, Paris, https://dx.doi.org/10.1787/0007dd9d-en. [18]

Reuters (2021), *French parliament approves climate change bill to green the economy*, https://www.reuters.com/world/europe/french-parliament-approves-wide-ranging-climate-change-bill-green-economy-2021-05-04/ (accessed on 22 September 2021). [12]

RVO (2021), *Waste Management in the LATAM Region: Business Opportunities for the Netherlands in waste/circular economy sector in eight countries of Latin America*, The Netherlands Enterprise Agency (RVO), https://www.rvo.nl/sites/default/files/2021/02/Report_LATAM_Waste_Management_feb_2021.pdf (accessed on 16 September 2021). [6]

Trinomics (2021), *Analysis on biomass in National Energy and Climate Plans*, Trinomics, Rotterdam. [21]

UNFCCC (2021), *NS-222 - Energy with Renewable Sources in non-interconnected areas*, NAMA Seeking Support for Preparation, United Nations Framework Convention on Climate Change (UNFCCC), https://www4.unfccc.int/sites/PublicNAMA/_layouts/un/fccc/nama/NamaSeekingSupportForPreparation.aspx?ID=147&viewOnly=1 (accessed on 22 September 2021). [13]

UNFCCC (2021), *NS-225 - Sustainable Bovine Livestock*, NAMA Seeking Support for Preparation, United Nations Framework Convention on Climate Change (UNFCCC), https://www4.unfccc.int/sites/PublicNAMA/_layouts/un/fccc/nama/NamaSeekingSupportForPreparation.aspx?ID=150&viewOnly=1 (accessed on 23 September 2021). [14]

UPME (2020), *Generation and Transmission Reference Expansion Plan 2020-2034 (Plan de expansión de referencia generación – transmisión 2020-2034)*, Planning Unit of the Ministry of Mines and Energy (Unidad de Planeación Minero Energética, UPME), http://www.siel.gov.co/Inicio/Generaci%c3%b3n/PlanesdeExpansi%c3%b3nGeneraci%c3%b3nTransmisi%c3%b3n/tabid/111/Default.aspx (accessed on 17 September 2021). [16]

UPME (2020), *National Energy Plan 2020-2050 (Plan Energético Nacional 2020-2050)*, Planning Unit of the Ministry of Mines and Energy (Unidad de Planeación Minero Energética, UPME), http://www1.upme.gov.co/DemandayEficiencia/Documents/PEN_2020_2050/Plan_Energetico_Nacional_2020_2050.pdf (accessed on 17 September 2021). [9]

UPME (2016), *Resolución 143 de 2016*, Planning Unit of the Ministry of Mines and Energy (Unidad de Planeación Minero Energética, UPME), http://www.siel.gov.co/siel/documentos/documentacion/Generacion/143_2016.pdf (accessed on 5 October 2021). [24]

UPME (2007), *Resolución 638 de 2007*, Planning Unit of the Ministry of Mines and Energy (Unidad de Planeación Minero Energética, UPME), http://www.suin-juriscol.gov.co/viewDocument.asp?ruta=Resolucion/4048051 (accessed on 5 October 2021). [23]

Notas

[1] Para más información (en español), véase: https://www.dnp.gov.co/Crecimiento-Verde/Paginas/Politica-crecimiento-verde.aspx.

[2] Para más información (en español), véase: https://www.minambiente.gov.co/index.php/estrategia-nacional-de-economia-circular-ec.

[3] Para más información (en español), véase: https://www.minambiente.gov.co/index.php/component/content/article/28-plantilla-asuntos-ambientales-y-sectorial-y-urbana.

[4] Para más información (en español), véase: https://minciencias.gov.co/sites/default/files/upload/paginas/bioeconomia_para_un_crecimiento_sostenible-qm_print.pdf.

[5] Más información sobre las acciones y experiencias para promover el desarrollo de soluciones bioenergéticas en América Latina y el Caribe puede encontrarse en la Comunidad de Práctica de Bioenergía de LEDS-LAC: https://ledslac.org/comunidades-de-practica/bioenergy/.

[6] Para más información, véase: https://www.ocio.usda.gov/sites/default/files/docs/2012/SM%201044-010%20Establishment%20of%20the%20USDA%20Bioeconomy%20Council%20and%20the%20Bioeconomy%20Council%20Coordination%20Committee.htm.

[7] Para más información (en español), véase: http://es.presidencia.gov.co/normativa/normativa/DECRETO%200570%20DEL%2023%20DE%20MARZO%20DE%202018.pdf.

[8] Para más información (en español), véase: https://www.minenergia.gov.co/documents/10192/24067478/081118_Modifica+la+Resoluci%C3%B3n+4+0791+de+2018_231118.pdf/65a03d4c-ac19-459b-89f0-76599d3e6655.

[9] Para más información (en español), véase: https://jurinfo.jep.gov.co/normograma/compilacion/docs/resolucion_minminas_40795_2018.htm.

[10] Para más información (en español), véase: https://www.boe.es/diario_boe/txt.php?id=BOE-A-2021-8447.

[11] Para más información, véase: https://www.theccc.org.uk/publication/sixth-carbon-budget/.

[12] Para más información (en francés), véase: https://www.vie-publique.fr/loi/278460-loi-22-aout-2021-climat-et-resilience-convention-citoyenne-climat#:~:text=La%20loi%20%22Climat%20et%20R%C3%A9silience,un%20esprit%20de%20justice%20sociale.

[13] Para más información (en español), véase: https://www.minambiente.gov.co/images/cambioclimatico/pdf/LEY_1931_DEL_27_DE_JULIO_DE_2018_LEY_DE_CAMBIO_CLIM%C3%81TICO.pdf.

[14] Para más información (en español), véase: https://www.dnp.gov.co/DNPN/Paginas/Plan-Nacional-de-Desarrollo.aspx.

[15] Para más información, véase: https://www4.unfccc.int/sites/PublicNAMA/_layouts/un/fccc/nama/NamaSeekingSupportForPreparation.aspx?ID=147&viewOnly=1.

[16] Para más información, véase: https://www4.unfccc.int/sites/PublicNAMA/_layouts/un/fccc/nama/NamaSeekingSupportForPreparation.aspx?ID=150&viewOnly=1.

[17] Para más información (en español), véase: http://www.andi.com.co/Uploads/Estrategia%20Nacional%20de%20EconA%CC%83%C2%B3mia%20Circular-2019%20Final.pdf_637176135049017259.pdf.

[18] Para más información sobre el enfoque de la Organización de las Naciones Unidas para la Agricultura y la Alimentación (FAO) sobre Bioenergía y Seguridad Alimentaria (BEFS), véase: https://www.fao.org/energy/bioenergy/bioenergy-and-food-security/en/.

[19] Para más información (en español), véase: https://colaboracion.dnp.gov.co/CDT/Conpes/Econ%C3%B3micos/3874.pdf.

[20] Los caudales ambientales son los caudales, el momento y la calidad del agua precisos para mantener los ecosistemas acuáticos.

[21] Para más información (en español), véase: http://www.siel.gov.co/Inicio/Generaci%C3%B3n/Inscripci%C3%B3ndeproyectosdeGeneraci%C3%B3n/tabid/113/Default.aspx.

[22] Para más información (en español), véase: http://apolo.creg.gov.co/Publicac.nsf/1c09d18d2d5ffb5b05256eee00709c02/58da78f1ed25d4fd0525864e006f6057/$FILE/Creg233-2020.pdf.

3 Medidas reglamentarias para mejorar los argumentos a favor de la bioenergía sostenible

Las reformas de políticas y los incentivos de mercado desempeñaron un papel fundamental para permitir el crecimiento temprano de la cogeneración de bioenergía en las industrias de azúcar y palma en Colombia. Durante la última década, el marco regulatorio del país para las energías renovables ha brindado mayor claridad sobre las reglas operativas y la remuneración para la adición de energía limpia como la autogeneración de bioenergía. Mejorar la transparencia en las reglas de acceso a la red y los costos de conexión, mientras se alinean los incentivos para alentar a los minoristas a adquirir generación de energía distribuida, puede aumentar aún más las oportunidades para el desarrollo de la bioenergía. Fortalecer el marco regulatorio para la gestión de desechos, por ejemplo, para abordar las tarifas bajas de los vertederos y de la recolección de desechos, también mejorará los incentivos para los proyectos de bioenergía. Unas señales regulatorias adicionales podrían incluir el uso de mecanismos de comercio de emisiones y fijación de precios del carbono para estimular la demanda de fuentes de energía limpia como el biogás para uso industrial

Puntos destacados

- Los incentivos de mercado y las medidas políticas de las dos últimas décadas han fomentado el crecimiento temprano de la capacidad de bioenergía, como la cogeneración en las industrias azucarera y palmera de Colombia. Las lecciones de estos desarrollos, incluyendo importantes reformas regulatorias que apoyaron el caso de negocio para la inversión de la industria, pueden aplicarse para fomentar las oportunidades de bioenergía en otras industrias, como la producción de lácteos y la cría de cerdos.
- Las medidas legales, como la Ley de Energías Renovables de 2014, han desempeñado un papel fundamental en el establecimiento de las normas operativas y la remuneración de los proyectos de energías renovables, pero siguen existiendo barreras para los proyectos de bioenergía. El marco normativo puede hacer más para proporcionar criterios transparentes sobre las normas de acceso a la red y los costos de conexión, incluida una orientación clara sobre las negociaciones de las tarifas de suministro de reserva, cuyos cálculos de costos no se entienden fácilmente.
- Los actuales estándares de la cartera de renovables no dan crédito a los minoristas por la producción de energía renovable utilizada in situ por los consumidores regulados, ni por la electricidad renovable vendida a los clientes no regulados, que representan aproximadamente la mitad de la demanda de electricidad de Colombia. Abordar estas restricciones proporcionaría una mayor inventiva a los minoristas para asegurar potenciales acuerdos de energía limpia, incluso a través de adiciones de capacidad de bioenergía.
- Colombia puede aprender de las experiencias internacionales con los certificados de energía renovable y otras herramientas políticas que han fomentado el abastecimiento de energía renovable. Esto puede incluir el uso de incentivos financieros y el apoyo a los proyectos de bioenergía, junto con las obligaciones para la industria y/o los grandes consumidores de energía para aumentar su cuota de consumo de energía limpia.
- Las tasas de vertido y recogida de residuos suelen ser bajas en Colombia, y las empresas de gestión de residuos y los operadores de rellenos sanitarios tienen pocos incentivos para clasificar y recuperar los residuos, ya que las tasas se aplican a la cantidad de residuos recogidos o eliminados. Unos objetivos firmes y/o la recuperación obligatoria de determinados residuos, junto con un aumento progresivo del valor global de las tasas y los impuestos de los vertederos, fomentarán una mayor clasificación y tratamiento de los residuos, incluso para aplicaciones de conversión de residuos en energía.

El entorno de la política energética de Colombia ha seguido transformándose desde la década de 1990, cuando la grave insuficiencia energética y los cortes de electricidad provocados por el fenómeno de El Niño condujeron a la crisis energética de 1992. Esto dio lugar a reformas críticas como la aprobación de la Ley 142 de 1994 (y su modificación mediante la Ley 689 de 2001) que estableció una serie de servicios públicos básicos, comisiones de regulación, reglas de competencia en el mercado y normas (Tabla 3.1). La preocupación por la fiabilidad del suministro de electricidad también condujo al desarrollo de un mercado mayorista de electricidad (Mercado de Energía Mayorista). Desde entonces, las reformas políticas han continuado promoviendo el desarrollo de un sistema energético fiable y asequible, incluyendo la aprobación de normativas orientadas a las energías renovables, como la Ley 697 de 2001,[1] cuyo objetivo era el "uso racional y eficiente de la energía y la utilización de otras fuentes de energía no convencionales".

Estas acciones, complementadas con medidas como la reforma fiscal para proyectos de energías renovables, han contribuido a fomentar el crecimiento de las energías limpias en las últimas dos décadas, incluyendo los primeros desarrollos de la bioenergía en las industrias del azúcar y la palma. El refuerzo de este marco normativo, por ejemplo, a través de una política específica para hacer realidad las ambiciones de la próxima NAMA de bioeconomía, facilitará aún más el desarrollo de soluciones bioenergéticas, garantizando que la normativa aborde cualquier laguna política restante y las barreras del mercado a estas oportunidades. Esto incluye garantizar que el entorno normativo aborde claramente el papel de la gestión de los residuos y los incentivos de mercado relacionados con su recuperación para la producción de energía. Colombia ya cuenta con un sólido régimen de políticas para la recogida y eliminación de residuos, y esto también se puede ampliar para aprovechar las oportunidades de la bioenergía al tiempo que se logran las ambiciones de la economía circular y la bioeconomía del país.

Tabla 3.1. Aspectos destacados de la normativa del mercado eléctrico desde la crisis energética de 1992

Ley 142 de 1994 (posteriormente modificada por la Ley 689 de 2001) estableció el régimen de los servicios públicos domiciliarios, fijando las reglas y principios de la competencia económica
Ley 143 de 1994 estableció el régimen de generación, interconexión, transmisión, distribución y comercialización de electricidad
Resolución CREG 055 de 1994 reguló las actividades de generación eléctrica en el Sistema Interconectado Nacional
Resoluciones CREG 024 y 025 de 1995 regularon los aspectos comerciales del mercado mayorista de energía y estableció el código de red como parte del reglamento de operación en el Sistema Interconectado Nacional
Resolución CREG 020 de 1996 estableció normas para promover la libre competencia en el mercado mayorista de energía
Resolución CREG 034 de 2001 expidió las reglas de operación del mercado mayorista de energía
Resolución CREG 071 de 2006 expidió la metodología de remuneración del cargo por confiabilidad
Resolución CREG 091 de 2007 estableció las metodologías generales de remuneración de las actividades de generación, distribución y comercialización de energía eléctrica en las Zonas No Interconectadas
Resolución CREG 051 de 2009 modificó el esquema de precios, el despacho ideal y la regla que determina el precio de la bolsa del mercado mayorista
Resolución CREG 156 de 2011 estableció la regulación sobre la comercialización del servicio público de electricidad

La cogeneración de bioenergía en sus inicios destaca la importancia de un marco normativo claro

La cogeneración de bioenergía en las industrias azucarera y palmera de Colombia comenzó a finales de la década de 1990, cuando las primeras adopciones empezaron a aprovechar el abundante bagazo de la caña de azúcar y los residuos del aceite de palma para proporcionar calor y energía combinados en esas industrias. El marco legal que permitía esta cogeneración se definió especialmente en las Resoluciones CREG 85 y 86 de 1996[2] y la posterior Resolución CREG 107 de 1998.[3] Estas determinaron las normas regulatorias para la cogeneración y establecieron las condiciones legales para la coproducción de energía térmica y eléctrica como parte integral de un proceso industrial (CCC, 2016[1]). La normativa también estableció las reglas de acceso a la red para estos proyectos.

Posteriormente, la Ley 788 de 2002[4] estableció una exención fiscal durante 15 años para los ingresos generados por la venta de electricidad procedente de fuentes eólicas, residuos agrícolas y bioenergía. Los proyectos elegibles, incluyendo en teoría la cogeneración, podían acogerse al incentivo siempre que obtuvieran certificados de comercio de emisiones, de acuerdo con los términos del Protocolo de Kioto, y reinvirtieran al menos el 50% de los ingresos de la venta de esos permisos en proyectos sociales situados en la zona a la que daba servicio la empresa. En principio, esto debería haber fomentado un mayor desarrollo de la bioenergía, pero en la práctica, el número de estos proyectos siguió siendo limitado, y las ventas de electricidad procedentes de la cogeneración se mantuvieron básicamente constantes durante la década de 2000.

La Ley 1215 de 2008[5] y la subsiguiente Resolución CREG 5 de 2010[6] marcaron un claro punto de inflexión en esta falta de progreso al diferenciar legalmente la cogeneración de otras formas de producción de energía. Específicamente, estas normas establecieron requisitos técnicos e incentivos para la cogeneración, incluyendo exenciones para el pago de contribuciones sobre la energía destinada al autoconsumo. La Ley 1215 también abrió la puerta a los contratos bilaterales (ya sea con la empresa comercializadora o con clientes comerciales no regulados) para los cogeneradores que garantizan una potencia superior a 20 MW. Esto revitalizó el apetito de la industria por la producción combinada de calor y electricidad, lo que dio lugar a un considerable aumento de la nueva capacidad de cogeneración y de las consiguientes ventas de electricidad a la red después de 2009 (Figura 3.1). Otras medidas políticas, como los incentivos fiscales previstos en el Programa para el Uso Racional y Eficiente de la Energía y otras Fuentes No Convencionales de Energía Renovable (PROURE) de 2010[7] y la histórica Ley de Energías Renovables de 2014, fomentaron aún más el uso de la cogeneración con bioenergía y otras fuentes de energía renovables. En 2020, la capacidad de cogeneración suministrada a la red, todavía en su mayoría procedente de las industrias azucarera y palmera, alcanzó los 723 GWh de electricidad, con otros 989 GWh de energía que fueron autoconsumidos por la propia industria (Asocaña, 2021[2]).

Figura 3.1. Evolución de las ventas de electricidad de la cogeneración conectada a la red, 1998-2021

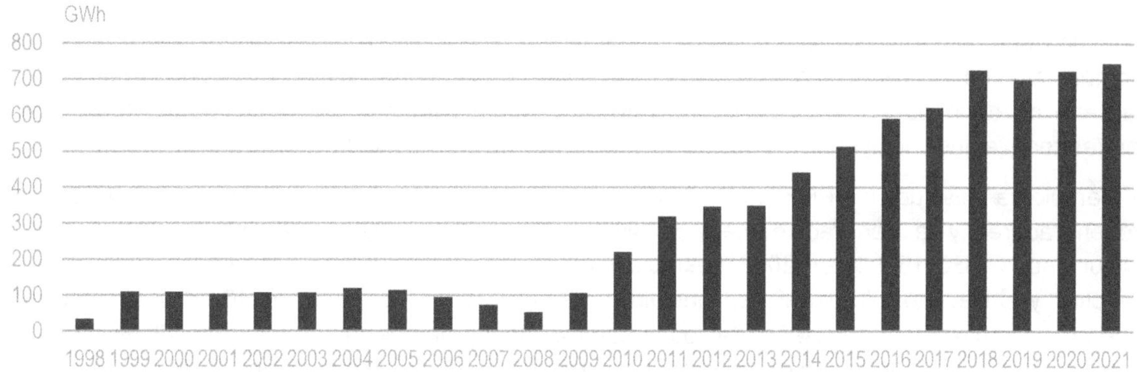

Nota: GWh = Gigavatio hora. Los datos de 2021 son de enero a septiembre.
Fuente: adaptado de (CCC, 2016[1]), (Asocaña, 2021[2]) y (XM, 2021[3]).

StatLink https://stat.link/leg13o

Otras reformas proporcionaron incentivos adicionales para desarrollar la capacidad de cogeneración de bioenergía en la industria. Por ejemplo, los cambios regulatorios de finales de la década de 2000 permitieron a las plantas de cogeneración vender los excedentes de electricidad al mercado mayorista, pero no permitieron que estas plantas participaran en las subastas de cargos de confiabilidad para la energía firme. Para abordar esta limitación y mejorar el caso de negocio para eventuales oportunidades de cogeneración, la Resolución CREG 153 de 2013[8] permitió a los cogeneradores que utilizan bioenergía obtener contratos de suministro de "combustible de origen agrícola" (Combustible de Origen Agrícola), recibiendo un cargo de confiabilidad siempre y cuando obtuvieran garantías a través de un informe técnico sobre la disponibilidad del combustible durante el período contratado. Esto resultó especialmente eficaz para la cogeneración de azúcar y palma (por ejemplo, en los ingenios azucareros con despacho centralizado) que pudieron cumplir con los requisitos de combustible dado su fuerte suministro de materia prima (Asocaña, 2014[4]).

Estas reformas normativas y los incentivos de mercado han fomentado un crecimiento considerable de la cogeneración de bioenergía durante la última década al crear el marco legal para esas operaciones y, lo que es más importante, al apoyar el claro argumento comercial para la inversión de la industria en capacidad de cogeneración. De hecho, la Asociación de Cultivadores de Caña de Azúcar de Colombia (Asocaña) destaca constantemente el valor de la cogeneración en sus informes anuales de la asociación. También colabora con el sector para poner de manifiesto las deficiencias normativas que pueden impedir el aumento de la capacidad en el futuro. Por ejemplo, se han destacado retos como las penalizaciones por potencia reactiva[9] un costo potencialmente perturbador, aunque las nuevas inversiones en la industria azucarera sigan adelante. Otros retos son los costos relacionados con las conexiones a la red (por ejemplo, la posible necesidad de invertir en subestaciones) y las dificultades de acceso a la financiación (por ejemplo, para actualizar a calderas más eficientes) para algunos agentes (véase el capítulo 4).

Las lecciones aprendidas en el mercado de la cogeneración, sobre todo en lo que respecta a la creación de un entorno jurídico y empresarial claro para la participación de los generadores, pueden aplicarse al desarrollo de posibles oportunidades de bioenergía en otros sectores, como la producción láctea y la ganadería porcina, en los que el atractivo de las soluciones bioenergéticas puede ser menos obvio o en los que el entorno normativo puede dificultar los argumentos comerciales para la recuperación de residuos en la producción de energía (por ejemplo, en la obtención de flujos de residuos).

La clarificación del entorno normativo para la bioenergía apoyará un mayor desarrollo de proyectos

La Ley de Energías Renovables de 2014 fue un hito importante para los proyectos de energías limpias en Colombia, al establecer el marco para su uso y adoptar regulaciones para su integración en el mercado. Una serie de decretos y resoluciones han reforzado sucesivamente este marco regulatorio para las energías renovables, incluyendo su uso en la generación de electricidad (Tabla 3.2).

Por ejemplo, la Resolución UPME 45 de 2016 creó el contexto para la medición neta y permitió que los autogeneradores y la generación eléctrica distribuida se conectaran a la red. A continuación, las Resoluciones CREG 15 y 30 de 2018[10] establecieron las reglas operativas y la remuneración para esos proyectos, y el Decreto 570 del MME,[11] incluidas las posteriores Resoluciones 40791 y 40795 de 2018 del MME, establecieron el diseño de los contratos de compraventa de energía (Power Purchase Agreement, PPA) a 15 años, con orientaciones adicionales sobre las subastas de energía renovable. Más recientemente, la Ley 2099 de 2021[12] estableció disposiciones para modernizar la legislación para la transición energética y estimular el desarrollo de las Fuentes No Convencionales de Energía Renovable (FNCER), incluyendo nuevas definiciones para el hidrógeno verde (a partir de fuentes de energía renovable) y el hidrógeno azul (utilizando la captura y el almacenamiento de carbono) como FNCER.

Estas reformas han apoyado el aumento de la proporción de energías renovables en la matriz energética de Colombia, incluyendo las recientes incorporaciones de energía solar y eólica. El marco normativo en evolución también ha apoyado el desarrollo de las tecnologías de bioenergía, aunque siguen existiendo algunos obstáculos para permitir un mayor desarrollo de esas soluciones. Por ejemplo, la Ley de Energías

Renovables (Ley 1715 de 2014) priorizó el uso de recursos energéticos renovables locales, promoviendo así indirectamente los residuos agrícolas, industriales y municipales cercanos para su recuperación en la producción de energía. La Ley también definió legalmente estas fuentes potenciales de energía a partir de materiales orgánicos ("biomasa") y de la energía recuperada de los residuos sólidos como bioenergía.

Las definiciones y normas reguladoras de la bioenergía también se elaboraron en políticas como la Resolución CREG 240 de 2016,[13] que creó las condiciones reguladoras para el desarrollo de la capacidad de biogás y biometano. De manera importante, estas medidas reforzaron la bioenergía como elegible para los incentivos de las FNCER, como los del Decreto Presidencial 2143 de 2015,[14] que proporcionó una reducción del 50% del impuesto sobre la renta durante un período de cinco años con reglas de depreciación acelerada. El Decreto también proporcionó exenciones del impuesto sobre el valor añadido y de los derechos de importación en la compra de bienes y servicios para la producción y el uso de energía de las FNCER. A continuación, el Decreto 829 de 2020[15] del Ministerio de Hacienda y Crédito Público agilizó el proceso de evaluación de la elegibilidad de los proyectos con el fin de reducir los procedimientos administrativos para obtener dichos incentivos fiscales. En concreto, el Decreto convirtió a la UPME en la única entidad responsable del proceso, reduciendo efectivamente el tiempo de aprobación de tres meses a 45 días (Sanchez Molina, 2020[5]).

El acceso a estos incentivos ha sido particularmente importante para el desarrollo de la bioenergía, donde estas tecnologías probablemente lucharían por ser financieramente viables sin estos incentivos fiscales, especialmente para los primeros adoptantes (Alzate-Arias et al., 2018[6]). En concreto, la normativa que regula la aplicación y la remuneración de la capacidad bioenergética es fundamental para el desarrollo de proyectos. Así lo demuestra el crecimiento de la electricidad vendida a la red a partir de la cogeneración de bioenergía en las industrias de la caña de azúcar y el aceite de palma, donde un flujo de ingresos claro y legal ayudó a justificar las inversiones en la ampliación de la capacidad y la mejora de la eficiencia de la generación para maximizar la recuperación de los residuos (RVO, 2021[7]).

Tabla 3.2. Medidas legales destacadas para el desarrollo de las energías renovables

La **Ley 788 de 2002** del Congreso reguló la venta de electricidad procedente de la energía eólica, la biomasa y los residuos agrícolas, eximiéndola del impuesto sobre la renta durante 15 años en determinadas condiciones.
La **Resolución del MME nº 18-0919 de 2010** adoptó el Plan de Acción 2010-15 para el desarrollo del PROURE, incluyendo la definición de los objetivos, subprogramas y disposiciones adoptadas al respecto. La vigencia del Plan se prorrogó hasta junio de 2016, cuando se adoptó el Plan 2016-20.
La **Ley 1715 de 2014** (Ley de Energías Renovables) que reguló la integración de las FNCER en el sistema energético nacional, con medidas de reducción del 50% del impuesto sobre la renta, exención del impuesto sobre el valor añadido, exención de los derechos de importación y normas de amortización acelerada (según el Decreto 2143/2015). La Ley también creó un Fondo de Energías No Convencionales y Gestión Eficiente de la Energía (FENOGE) y aumentó la tarifa eléctrica en 0,01 USD/kWh para subvencionar el fondo.
La **Resolución UPME 281 de 2015** definió el límite máximo de potencia de la autogeneración a pequeña escala e incluyó exenciones de IVA en maquinaria, equipos y costos de mano de obra para los proyectos de energía renovable no hídrica. Se eximieron los aranceles a la importación de maquinaria, equipos y materiales, junto con normas para una tasa de depreciación impulsada hasta el 20% anual. La Resolución también amplió la deducción del impuesto sobre la renta para las energías renovables no hidroeléctricas, de cinco a 15 años, y por lo tanto la tasa al 150%.
La **Resolución UPME 45 de 2016** facilitó el proceso de conexión a la red de las centrales eléctricas y estableció la regulación de la medición neta para la generación de hasta 100 kilovatios (pico) para vender el excedente de electricidad.

El **Decreto 570 de 2018 del MME** estableció los esquemas para los PPA de largo plazo a través de subastas de energía renovable. A continuación, las Resoluciones 40791 y 40795 de 2018 del MME dieron la orientación operativa para las subastas.

La **Resolución CREG 30 de 2018** estableció las reglas operativas y comerciales para la integración de la autogeneración y la generación distribuida (menos de 100 kilovatios, entre 100 kilovatios y 1 MW, y entre 1 y 5 MW) y la **Resolución CREG 15 de 2018** estableció la metodología para la remuneración y el suministro de respaldo de electricidad en la red nacional.

La **Resolución 49715 de 2019 del MME** obligó a los distribuidores a adquirir al menos el 10% de la energía vendida a los clientes regulados a partir de energía solar, biomasa, microhidráulica, eólica o mareomotriz.

La **Ley 1955 de 2019** del Congreso modificó la Ley 1715 para aumentar los beneficios de reducción del impuesto a la renta para los generadores de FNCER de cinco a 15 años. También agregó códigos para la reducción de aranceles aduaneros en la importación de paneles solares y otros artículos relacionados con la generación de energía renovable.

El Decreto 829 de 2020 del Ministerio de Hacienda y Crédito Público reglamentó el otorgamiento de incentivos tributarios para la generación de FNCER. También estableció que la UPME será la única autoridad encargada de evaluar estos beneficios y su aplicación.

La **Ley 2036 de 2020** autorizó al gobierno nacional a financiar apoyos, con aportes del Presupuesto General de la Nación y del Sistema General de Regalías, para la participación de las entidades territoriales en los proyectos de generación, distribución, comercialización y autogeneración de pequeña escala y generación distribuida con FNCER.

La **Ley 2099 de 2021** modificó el marco regulatorio de las FNCER y estableció legalmente el hidrógeno verde y azul como FNCER. Se ampliaron las exenciones fiscales para el almacenamiento de energía, los sistemas de medición inteligente y la gestión de la energía, así como para las inversiones relacionadas con el hidrógeno verde y azul. La Ley también estableció disposiciones sobre la transición energética, la revitalización del mercado energético y la recuperación económica.

Para otras aplicaciones de la bioenergía, el modelo de negocio puede ser menos seguro, aunque la Ley 2036 de 2020,[16] que recientemente autorizó a las entidades territoriales a participar en el desarrollo de las FNCER haciendo uso de los fondos nacionales, debería ayudar, ya que incluyó referencias específicas a los proyectos de bioenergía y conversión de residuos en energía. Sin embargo, siguen existiendo otros obstáculos críticos para el desarrollo generalizado de proyectos de bioenergía. Por ejemplo, la incertidumbre en torno a la regulación actual para la venta de biogás (por ejemplo, para los auto generadores que se conectan a la red) solo sirve para agravar la falta de capacidad y experiencia con tales tecnologías en Colombia. Los procesos de obtención de licencias, incentivos y permisos para los proyectos de biogás también pueden ser complicados y largos, y se han señalado como problema los retrasos en la conexión de nuevos proyectos de biogás a la red (Duarte, Loaiza and Majano, 2021[8]). En parte, esto se debe a la naturaleza discrecional de las normas de conexión, donde el marco regulador puede hacer más para proporcionar criterios transparentes para las solicitudes aceptadas. Las normas y los reglamentos técnicos también pueden ser mal comprendidos por los agentes pertinentes, especialmente en el sector agrícola, donde existe un gran potencial sin explotar para el desarrollo del biogás, pero que tiene poca o ninguna experiencia en la gestión y comercialización de la generación de energía.

Las normas y los procedimientos de conexión pueden contribuir a facilitar la capacidad bioenergética

Abordar estas barreras, por ejemplo, mediante una orientación más clara sobre la regulación del acceso a la red, ayudará a fomentar nuevas incorporaciones en las tecnologías de bioenergía distribuida y de autogeneración. La UPME también podría ampliar su evaluación de la conexión para tener en cuenta el papel potencial de los proyectos de biogás en la respuesta a la demanda, por ejemplo, estudiando cómo estos proyectos podrían participar en el Programa de Demanda Desconectable Voluntaria. Este programa ofrece la oportunidad de que la autogeneración responda durante los periodos de máxima demanda o cuando los precios de la electricidad son elevados, ya sea reduciendo la demanda o poniendo a disposición del sistema eléctrico una generación de energía adicional.

El entorno normativo también puede hacer más por orientar la política hacia las conexiones de bioenergía. Por ejemplo, el marco legal para que la generación distribuida y los autogeneradores vendan el excedente de electricidad a la red se estableció en las Resoluciones UPME 281 de 2015 [17] y 45 de 2016.[18] Sin embargo, solo se aprobó la conexión de una pequeña cantidad de capacidad de autogeneración solar (0,6 MW) y de biogás (2,2 MW) a partir de 2018. Esta última fue una instalación de biogás en Cundinamarca apoyada por subvenciones del banco de inversión alemán, KfW, para utilizar las aguas residuales de la industria local de alimentos lácteos para la cogeneración.

Parte de esta limitada cartera de incorporaciones se debió a la competencia con la generación a partir de combustibles fósiles, que también se benefició para su conexión y que a 2018 constituía más del 85% de la generación distribuida y auto conectada a la red (UPME, 2021[9]). Las orientaciones posteriores sobre las reglas operativas y comerciales para la medición neta (aprobadas mediante las Resoluciones CREG 15 y 30 de 2018[19]) apuntaron a permitir una mayor conexión de las FNCER, aunque esto tuvo un impacto más visible en las conexiones solares, que alcanzaron 34 MW de capacidad aprobada para la conexión a la red en 2021. Por el contrario, la capacidad de bioenergía aprobada solo aumentó a unos 2,9 MW a mediados de 2021, y las nuevas incorporaciones (un proyecto de bagazo de 0,2 MW y un proyecto de residuos agrícolas de 0,4 MW) aún están pendientes de conexión. Se están estudiando otros tres proyectos de bioenergía con residuos agrícolas, pero solo añadirían unos 1,6 MW de nueva capacidad.

Este bajo interés en las nuevas conexiones se debe en parte a los requisitos de los contratos de suministro de energía de respaldo para los sistemas de más de 100 kilovatios (según la Resolución CREG 15 de 2018), que además de los pagos por energía reactiva (para cualquier generador que no tenga control automático de voltaje), se han destacado como una importante consideración de costos para los proyectos de energía distribuida, incluida la bioenergía (Morganstein et al., 2021[10]). Además, las negociaciones sobre las tarifas de suministro de reserva pueden ser difíciles de llevar a cabo, y sus cálculos de costos son complicados y no se entienden fácilmente. Esto puede limitar el interés en el desarrollo de soluciones bioenergéticas y, en algunos casos, es probable que haya animado a ciertos actores a instalar sistemas solares más pequeños in situ, incluso si instalaciones más grandes o el uso de tecnologías bioenergéticas compensarían una mayor parte de su consumo energético. El registro de solicitudes de conexión a la red de la UPME también pone de manifiesto un claro desafío para las incorporaciones de bioenergía, donde más de 2,7 MW de dichos proyectos fueron rechazados para su conexión desde 2018, incluyendo cinco proyectos industriales que utilizan residuos agrícolas y dos proyectos ganaderos propuestos (UPME, 2021[9]).

Los objetivos de la cartera de renovables pueden articularse con los proyectos de bioenergía, en lugar de hacerlo en su contra

Desde entonces, las recientes reformas regulatorias han apuntado a fortalecer la oportunidad de los proyectos de energía renovable, pero de nuevo, éstas no han abordado necesariamente las oportunidades de las conexiones de bioenergía. Por ejemplo, la Resolución 49715 de 2019 del MME[20] ordenó que al menos el 10% de la electricidad vendida a los clientes regulados por los minoristas se obtuviera de las FNCER (excluyendo todas las hidroeléctricas) a través de contratos a largo plazo de diez años o más. El seguimiento de estos requisitos comenzará en 2023, donde las recientes subastas de energía renovable ayudaron a los minoristas a comenzar a asegurar sus requisitos a través de las nuevas adiciones de capacidad solar y eólica. Los mandatos también ayudaron a permitir el éxito de las subastas, ya que los minoristas querían asegurarse ciertas cantidades de capacidad de energía renovable.

Sin embargo, las normas específicas de los requisitos de la cartera de renovables no animan ni facilitan fácilmente a los minoristas la obtención de capacidad de bioenergía (entre otras oportunidades renovables potenciales). En concreto, el mandato del 10% no da crédito a los minoristas por cualquier producción de energía renovable utilizada in situ por sus consumidores regulados[21] (por ejemplo, energía solar en el tejado o biogás in situ). Además, las normas de las cuotas no permiten a los minoristas obtener créditos por la electricidad renovable vendida a clientes no regulados, que representan aproximadamente la mitad de la demanda de electricidad (Morganstein et al., 2021[10]). Sin estos créditos, los requisitos ofrecen pocos incentivos para que los minoristas busquen o faciliten posibles acuerdos de energía limpia (por ejemplo, a través de PPAs fuera de las instalaciones) con usuarios comerciales e industriales no regulados, cuyo interés en adquirir electricidad limpia, por ejemplo a través de la compra de certificados de energía renovable (REC, por sus siglas en inglés), sigue creciendo (CEIA, 2019[11]). Las normas del estándar de cartera tampoco incentivan la búsqueda de acuerdos con potenciales autogeneradores o cogeneradores que podrían utilizar su capacidad de producción (por ejemplo, del coprocesamiento de biogás) para vender el excedente de electricidad (por ejemplo, a través de REC agrupados o desagregados).

Colombia ya cuenta con algunas iniciativas de REC de este tipo, por ejemplo en el marco de la norma de Certificación Internacional de Energías Renovables, aunque no cuenta con un sistema oficial de REC ni con una normativa relativa a la emisión de REC. A finales de 2020, el operador de la red y del mercado mayorista de electricidad, XM, puso en marcha un sistema de registro y seguimiento de REC ("EcoGox"), que debería contribuir a mejorar la transparencia y la responsabilidad para que este mercado crezca (Morganstein et al., 2021[10]). Aun así, la orientación formal y/o las medidas para vincular los REC al marco normativo (por ejemplo, la vinculación de los REC a los créditos de reducción de carbono en virtud del Decreto 926 de 2017[22] y el desarrollo previsto de un régimen de comercio de derechos de emisión (IETA, 2021[12]) apoyarían una mayor participación en el mercado. Esto incluye la mejora de los vínculos con los requisitos de la cartera en virtud de la Resolución 49715, por lo que los minoristas estarían más motivados para involucrar a los consumidores en el desarrollo de la electricidad limpia y los intercambios de REC si estos contaran para los objetivos de la cartera de renovables. La mejora de los incentivos para que los minoristas trabajen activamente con los consumidores en la adquisición de electricidad limpia también apoyaría el argumento comercial para desarrollar proyectos de bioenergía (con el beneficio económico añadido del comercio de REC).

Colombia también puede aprender de la experiencia internacional con los REC y otros modelos para el abastecimiento corporativo de energías renovables (por ejemplo, PPAs a través de acuerdos de transmisión de energía o *power wheeling*). Esto incluye la posible orientación del desarrollo de la bioenergía a través de estos acuerdos o de un marco explícito de REC. Por ejemplo, el sistema de Certificados de Obligación de Renovables del Reino Unido concedió más certificados por MWh producido para los proyectos de energía eólica costa afuera, dada su naturaleza más compleja (por ejemplo, diseño estructural, costos de capex y mantenimiento) en comparación con otras fuentes de energía renovable. En concreto, el número de certificados concedidos varió según la tecnología, donde la generación eólica costa afuera recibió el doble de certificados por MWh que otras tecnologías de energías renovables entre 2012 y 2014 y 1,5 veces más certificados en 2014 y 2015 (Riley and Zarnowiecki, 2012[13]).

El MME y la CREG pueden considerar igualmente formas de coordinar los marcos políticos y normativos para crear un enfoque de "zanahoria y palo" que ha contribuido a fomentar la contratación de energías renovables por parte de las empresas en otros países. Por ejemplo, Australia desarrolló un plan de objetivos de energía renovable con incentivos financieros (por ejemplo, subvenciones a la energía solar) junto con obligaciones de la industria para el consumo de energía renovable. Esto ayudó a bajar los precios al contado de la generación de electricidad renovable (a través de certificados) y condujo al desarrollo de 3,5 GW de nueva capacidad de generación renovable en 2020, apoyada especialmente por los PPA corporativos (Kay, 2020[14]). Estos incentivos podrían combinarse en el contenido colombiano para fomentar un mayor desarrollo de los proyectos de bioenergía. Por ejemplo, podrían utilizarse incentivos fiscales y/u otras ayudas financieras (por ejemplo, financiación en condiciones favorables o subvenciones directas) para fomentar el desarrollo de la bioenergía junto con las obligaciones de la industria de aumentar su cuota de consumo de energía renovable.

Una regulación más estricta de la gestión de los residuos fomentará una mayor recuperación de energía

Colombia destaca entre sus pares regionales por contar con un amplio marco regulatorio en materia de gestión de residuos, así como por tener un sector de gestión de residuos operado principalmente por entidades privadas. El estatuto normativo del Decreto Presidencial 1076 de 2015[23] incorpora medidas para evitar el mal manejo de los residuos y desechos peligrosos, apuntando especialmente a la protección del medio ambiente y la salud humana. Complementa el anterior Decreto 838 de 2005[24] y posteriormente la Resolución 1890 de 2011,[25] que prohibía la quema incontrolada, el vertido y la excavación temporal de residuos. El Decreto 2820 de 2010[26] prohibió igualmente el vertido de residuos a los cuerpos de agua, y otras normas adicionales como el Decreto 2981 de 2013[27] y el Decreto 596 de 2016[28] contemplan los servicios generales de saneamiento público.

El resultado es que alrededor del 83% de los RSU se recogen y eliminan en vertederos oficiales (RVO, 2021[7]). La normativa de eliminación también permite la recuperación de los costos a través de las tarifas de recogida, proporcionando una sostenibilidad financiera suficiente para estos servicios. Específicamente, la Ley 142 de 1994 y normas como la Resolución 720 de 2015[29] y la Resolución 853 de 2018[30] sentaron las bases para la prestación de los servicios municipales a través de empresas competidoras con tarifas con subsidios cruzados entre los estratos socioeconómicos (Calderón Márquez y Rutkowski, 2020[104]). Esto permite que el 99% de los municipios dispongan de servicios de recogida de residuos.

Al mismo tiempo, cerca del 50% de los vertederos de Colombia alcanzarán su capacidad en la próxima década, y las limitaciones de nuevos vertederos, debido a la opinión pública y a la evolución de la normativa, hacen que haya una necesidad creciente de prácticas de gestión de residuos sostenibles. En los últimos años, el gobierno ha tratado de priorizar la conversión de residuos en energía, el reciclaje y el compostaje a través de su Política Nacional Para La Gestión Integral de Residuos Sólidos de 2016[31] y la Estrategia de Economía Circular de 2019. Ambas tienen como objetivo aumentar la tasa de reciclaje y aprovechamiento de residuos en todo el país, del 8,7% en 2020 al 17,9% en 2030 (RVO, 2021[7]).

El costo de la eliminación de residuos influye directamente en el interés por las soluciones bioenergéticas

El incentivo para la clasificación y recuperación de residuos, a pesar de un marco político sólido y de las ambiciones políticas, sigue siendo bajo. Las tasas de vertido y recogida de residuos las fija la Comisión de Regulación del Agua Potable y el Saneamiento Básico y se aplican a la cantidad de residuos recogidos o eliminados. Por lo tanto, los operadores de vertederos y de gestión de residuos tienen pocos incentivos para reducir los residuos, ya que esto afectaría a sus flujos de ingresos, especialmente porque la mayoría de las operaciones son de propiedad privada.

Además, las tasas de vertido y recogida de residuos suelen ser bajas. Por término medio, la eliminación de residuos en los vertederos tiene una tarifa de unos 9,5 USD por tonelada, en comparación con tarifas más elevadas, como las del vertedero de Doña Juana de Bogotá, que tiene unas tarifas de unos 16 USD por tonelada (RVO, 2021[7]). En comparación, los costos medios de eliminación en la Unión Europea, donde las aplicaciones de conversión de residuos en energía son más comunes, son de unos 60 USD por tonelada (CEWEP, 2020[15]). En los países europeos con una elevada proporción (es decir, >50%) de tratamiento de residuos para la obtención de energía (por ejemplo, Dinamarca, Finlandia y Suecia), las tasas de entrada y los impuestos de vertido superan los 120 USD por tonelada (IEA, 2020[16]).

Para dirigir los flujos de residuos de los vertederos hacia el reciclaje y la recuperación de energía, Colombia debería seguir revisando las tasas de residuos y los incentivos de mercado relacionados. El Ministerio de Vivienda, Ciudad y Territorio ya introdujo un impuesto sobre los vertederos en 2020, fijado inicialmente en unos 2 USD por tonelada (RVO, 2021[7]). El aumento progresivo del valor del impuesto proporcionará mejores señales de precio que fomentarán una mayor clasificación y tratamiento de los residuos, ya que el impuesto actual solo supone un aumento marginal por encima de las tasas de eliminación medias actuales. Esto también ayudaría a impulsar nuevos modelos de negocio en torno a la clasificación, el reciclaje y la recuperación de residuos (por ejemplo, en el coprocesamiento de la industria), donde la clasificación y el tratamiento son un paso esencial para los proyectos de conversión de residuos en energía, ya que las grandes cantidades de materiales orgánicos y no inflamables en los residuos pueden conducir a temperaturas insuficientes para la producción de energía. También pueden contribuir a las emisiones tóxicas durante la incineración, lo que ha provocado la resistencia y las protestas de la población por la preocupación por la salud pública de los proyectos de conversión de residuos en energía en países como Tailandia (Weatherby, 2019[17]).

Dado que los residuos orgánicos representan alrededor del 60% de los RSU en Colombia (Gobierno de Colombia, 2019[25]), la clasificación y el tratamiento de los RSU desempeñarán un papel fundamental para permitir soluciones eficaces y eficientes de conversión de residuos en energía. Esto incluye las aplicaciones para las industrias de uso intensivo de energía, como la producción de cemento, que requiere residuos clasificados y tratados de composición conocida para que sean adecuados para el proceso de combustión y la sinterización del clinker (Jovovic, 2017[18]). El tratamiento de otras formas de residuos, como los residuos industriales peligrosos, es igualmente importante para que estos se utilicen como materia prima, aunque, de nuevo, las señales de precio de la normativa actual sobre residuos peligrosos no fomentan suficientemente el tratamiento para su valorización en la producción de energía.

El marco normativo para la gestión de residuos peligrosos en Colombia sigue el Convenio de Basilea internacional con normas e información sobre las cantidades de residuos peligrosos generados (Ordoñez-Ordoñez, Echeverry-Lopera y Colorado-Lopera, 2019[109]). En particular, el Decreto 4741 de 2005[32] reguló la prevención y gestión de residuos peligrosos, y la Resolución 1362 de 2007 del MADS[33] estableció los requisitos y procedimientos para que los generadores de residuos peligrosos se inscriban en el registro del Ministerio. Una serie de normas adicionales,[34] por ejemplo sobre equipos y residuos que contienen o están contaminados con bifenilos policlorados, establecen requisitos para la gestión ambiental integral de los residuos peligrosos, y Colombia destaca entre sus pares regionales por el cumplimiento general de la industria.

El cumplimiento de los requisitos normativos existentes puede ser elevado, pero, no obstante, hay pocos incentivos para invertir en soluciones de conversión de residuos en energía, dados los costos comparativamente bajos del tratamiento y la eliminación de residuos peligrosos, incluso cuando se trata de vertederos especializados y seguros (RVO, 2021[7]). De hecho, de las casi 670 mil toneladas de residuos peligrosos generados en 2019, casi la mitad se destinó a la eliminación final en vertederos seguros (IDEAM, 2020[19]). Otro 40% fue tratado (por ejemplo, a través de procesos de pre-remediación y físico-químicos), y solo el 13% fue realmente recuperado para otros usos, por ejemplo en la producción de energía. Además, la recuperación de residuos peligrosos con valores caloríficos típicamente altos (por ejemplo, de las industrias petroleras y químicas) fue inferior al 2%, lo que pone de manifiesto la falta de impulso normativo y financiero para las aplicaciones de recuperación de energía.

Unas normas de eliminación firmes y unas tasas más elevadas mejorarán los argumentos comerciales para la recuperación de residuos

La política del MADS sobre la responsabilidad ampliada del productor ha contribuido a mejorar la motivación de algunos productores para recuperar y tratar determinados residuos peligrosos, como los equipos eléctricos y electrónicos y las pilas, aunque la participación es voluntaria (RVO, 2021[7]). La Asociación Nacional de Empresarios de Colombia también ha liderado algunos programas para fomentar la recuperación de materiales postconsumo, aunque esto no ha llevado necesariamente a cambios significativos en la gestión de los residuos industriales.

Reforzar estas iniciativas, por ejemplo, mediante objetivos firmes o la recuperación obligatoria de determinados residuos, puede contribuir a aumentar el tratamiento y la recuperación en general, como ha ocurrido en otros países. Por ejemplo, algunas políticas de responsabilidad ampliada del productor tienen requisitos al final de la vida útil (por ejemplo, a través de ecotasas o sistemas obligatorios de depósito y devolución) para fomentar la recuperación, el tratamiento y la valorización de los residuos.[35] Europa, Estados Unidos, Japón, Corea y Brasil, por ejemplo, cuentan con normativas sobre neumáticos al final de su vida útil para garantizar su correcta gestión, tratamiento y reutilización (por ejemplo, en la recuperación de energía y materiales) en lugar de su vertido (WBCSD, 2019[20]).[36] Esto ha fomentado el desarrollo de oportunidades para las aplicaciones de conversión de residuos en energía, donde, por ejemplo, el 94% de todos los neumáticos al final de su vida útil en Europa fueron recogidos y tratados en 2019, y el 40% se utilizó para la recuperación de energía (ETRMA, 2021[21]).

Aumentar el alcance y el rigor del marco normativo para la gestión y recuperación de residuos en Colombia fomentará un desarrollo similar de posibles soluciones de conversión de residuos en energía. Esto también ayudará a construir el caso de negocio para la expansión de las experiencias de la industria con tales inversiones. Por ejemplo, la empresa de cemento, Argos, desarrolló capacidad de coprocesamiento en dos de sus plantas de cemento en Rioclaro y Cartagena, utilizando más de 75 mil toneladas de residuos como combustible alternativo en 2018 (Stewardson, 2019[22]). La normativa del MADS ya reconocía legalmente este coprocesamiento como una alternativa sostenible bajo la Resolución 909 de 2008[37] (posteriormente modificada por la Resolución 802 de 2014,[38] pero no hay requisitos ni incentivos para buscar este uso de combustibles derivados de residuos. Unas políticas más estrictas para la eliminación, el reciclaje y la recuperación de residuos (por ejemplo, para la fabricación de neumáticos o los residuos industriales peligrosos) fomentarían, en consecuencia, una cadena de suministro más clara y un mejor modelo de negocio para otras aplicaciones de combustibles alternativos en la fabricación de cemento (véase el Anexo I sobre el uso de combustibles derivados de residuos para la fabricación de cemento en Brasil).

La mejora de los regímenes de precios de los servicios de recogida de residuos y de las tasas de vertido también puede apoyar el desarrollo de la capacidad de recuperación y de conversión de residuos en energía. Esto puede hacerse mediante la fijación directa de precios, basándose en el recientemente anunciado impuesto sobre los vertederos, o mediante el uso de escalas de tarifas diferenciadas para determinados tipos de residuos (por ejemplo, tarifas elevadas para los residuos peligrosos para instar a un mayor tratamiento y recuperación). Otras señales normativas, como el desarrollo de un régimen obligatorio de comercio de derechos de emisión o la fijación de un precio del carbono que incluya el uso de combustibles fósiles en la industria, también incentivarían la recuperación y la reutilización de los residuos, siempre que las medidas se complementen con una regulación clara de la futura eliminación en vertederos (es decir, evitar una situación de "huevo y gallina" en la que la demanda de residuos no se corresponda con las necesidades de alternativas a la eliminación).

El valor de estas posibles señales de precios ya es evidente en las aplicaciones de conversión de residuos en energía, como el vertedero Doña Juana de Bogotá, que está registrado como proyecto en el marco del Mecanismo de Desarrollo Limpio de las Naciones Unidas para gestionar las emisiones fugitivas de metano. Entre 2009 y 2016, el proyecto ya había obtenido 4,6 millones de certificados de reducción de emisiones por su uso del metano para producir energía para el suministro de electricidad a unos cuatro mil hogares (Cruz, 2021[23]). Los créditos, que generan alrededor de 780 mil dólares al año en ingresos para el proyecto y la ciudad, ilustran la oportunidad de que aplicaciones similares (por ejemplo, el proyecto de biogás de vertedero que se desarrollará en Medellín) se beneficien del comercio de carbono y/o de los fondos climáticos globales a través de dichos créditos de reducción de emisiones (Contreras et al., 2020[24]).

Por último, el gobierno puede trabajar con las asociaciones industriales relacionadas para identificar oportunidades y barreras regulatorias adicionales para el desarrollo de la conversión de residuos en energía. Por ejemplo, la Federación Interamericana del Cemento ha explorado activamente el coprocesamiento a través de sus grupos de trabajo desde 2010, y estas discusiones han ayudado a informar los marcos regulatorios en apoyo de la reorientación de los flujos de residuos hacia la recuperación de energía dentro de la industria.[39] Este tipo de diálogos puede fortalecer el vínculo normativo entre los residuos y la industria en Colombia, ayudando así a apoyar el desarrollo de un entorno político y señales de mercado que permitan soluciones prácticas y eficaces de conversión de residuos en energía.

Referencias

Alzate-Arias, S. et al. (2018), "Assessment of government incentives for energy from waste in Colombia", *Sustainability (Switzerland)*, Vol. 10/4, http://dx.doi.org/10.3390/SU10041294. [6]

Asocaña (2021), *Annual Report (Informe Annual) 2020-2021*, Colombian Sugarcane Growers Association (Asociación de Cultivadores de Caña de Azúcar, Asocaña), https://www.asocana.org/documentos/1782021-3772D9B2-00FF00,000A000,878787,C3C3C3,FF00FF,2D2D2D,A3C4B5.pdf (accessed on 8 September 2021). [2]

Asocaña (2014), *The Colombian sugar sector, more than sugar, a renewable energy source for the country: co-generation (Cogeneracion - El Sector Azucarero Colombiano, más que azúcar, una fuente de energía renovable para el país)*, Colombian Sugarcane Growers Association (Asociación de Cultivadores de Caña de Azúcar, Asocaña), https://www.asocana.org/documentos/2692014-90F926BD-00FF00,000A000,878787,C3C3C3,0F0F0F,B4B4B4,FF00FF,2D2D2D.pdf (accessed on 15 September 2021). [4]

CCC (2016), "Cámara de Comercio de Cali", *Cali Chamber of Commerce (Cámara de Comercio de Cali, CCC) Rhythm Cluster (Ritmo Cluster)* 03, https://www.ccc.org.co/inc/uploads/informes-economicos/ritmo-cluster/3.pdf?__cf_chl_captcha_tk__=pmd_lnPQWtyNiusgTdfX_gAHa6cilY8LFy.akEfLyB1rk7w-1632660979-0-gqNtZGzNAyWjcnBszQbl (accessed on 26 September 2021). [1]

CEIA (2019), *CEIA Colombia: Accelerating Solar Energy for Commercial and Industrial Customers*, Clean Energy Investment Accelerator (CEIA), https://static1.squarespace.com/static/5b7e51339772aebd21642486/t/5d8bc01583efb753866468b6/1569439766107/CEIA+Colombia_One+Pager+Sept+2019.pdf (accessed on 29 September 2021). [11]

CEWEP (2020), *Landfill Taxes and Bans*, The Confederation of European Waste-to-Energy Plants (CEWEP), https://www.cewep.eu/landfill-taxes-and-bans/ (accessed on 27 September 2021). [15]

Contreras, M. et al. (2020), "A look to the biogas generation from organic wastes in Colombia", *International Journal of Energy Economics and Policy*, Vol. 10/5, pp. 248-254, http://dx.doi.org/10.32479/IJEEP.9639. [24]

Cruz, M. (2021), *Did you know that in Doña Juana the gases from organic waste are used? (¿Sabías que en Doña Juana se aprovechan los gases de los residuos orgánicos?)*, Bogota.gov.co, https://bogota.gov.co/mi-ciudad/habitat/planta-de-biogas-dona-juana-en-bogota (accessed on 15 September 2021). [23]

Duarte, S., B. Loaiza and A. Majano (2021), *From practice to politics: analysis of investment barriers for biogas in Colombia and measures to address them, based on the experience of developers and other relevant actors (De la práctica a la política: análisis de las barreras a la inversión en biogás en Colombia y las medidas para abordarlas, a partir de la experiencia de los desarrolladores y otros actores relevantes)*, LEDS-LAC, https://ledslac.org/wp-content/uploads/2021/08/Informe-final-biogas-Colombia-v.06082021-final.pdf (accessed on 16 September 2021). [8]

ETRMA (2021), *In Europe 94% of all End of Life Tyres were collected and treated in 2019*, European Tyre and Rubber Manufacturers' Association, https://www.etrma.org/wp-content/uploads/2021/05/20210511_ETRMA_PRESS-RELEASE_ELT-2019.pdf (accessed on 15 September 2021). [21]

IDEAM (2020), *National report on hazardous waste and residuals in Colombia, 2019 (Informe nacional de residuos o desechos peligrosos en Colombia, 2019)*, Institute of Hydrology, Meteorology and Environmental Studies (Instituto de Hidrología, Meteorología y Estudios Ambientales, IDEAM), http://documentacion.ideam.gov.co/openbiblio/bvirtual/023901/InformeResiduos2019.pdf (accessed on 27 September 2021). [19]

IEA (2020), *Sustainable Bioenergy for Georgia: A Roadmap*, International Energy Agency (IEA), Paris, https://www.iea.org/reports/sustainable-bioenergy-for-georgia-a-roadmap (accessed on 27 September 2021). [16]

IETA (2021), *Carbon Market Business Brief: Colombia*, International Emissions Trading Association (IETA), https://ieta.org/resources/Resources/CarbonMarketBusinessBrief/2021/CarbonMarketBusinessBrief_Colombia2021.pdf (accessed on 22 September 2021). [12]

Jovovic, A. (2017), *Possibilities and effects of using waste materials as energy in cement industry*, Balkan Green Energy News, https://balkangreenenergynews.com/possibilities-effects-using-waste-materials-energy-cement-industry/ (accessed on 27 September 2021). [18]

Kay, I. (2020), *Attracting Private Investment for Renewable Energy*, Australian Renewable Energy Agency (ARENA), https://www.slideshare.net/OECD_ENV/ppt-ian-kay-attracting-private-investment-for-renewable-energy (accessed on 16 December 2020). [14]

Morganstein, J. et al. (2021), "Renewable Energy Procurement Guidebook for Colombia", *World Resources Institute*, http://dx.doi.org/10.46830/WRIGB.19.00129. [10]

Riley and P. Zarnowiecki (2012), "Overview of UK Offshore Wind Market", *Orrick*, https://www.orrick.com/api/content/downloadattachment?id=bb4e5e43-95f6-4b55-ac4f-59d4838f64e8. [13]

RVO (2021), *Waste Management in the LATAM Region: Business Opportunities for the Netherlands in waste/circular economy sector in eight countries of Latin America*, The Netherlands Enterprise Agency (RVO), https://www.rvo.nl/sites/default/files/2021/02/Report_LATAM_Waste_Management_feb_2021.pdf (accessed on 16 September 2021). [7]

Sanchez Molina, P. (2020), *Colombia streamlines tax incentives for renewables*, PV Magazine, https://www.pv-magazine.com/2020/06/16/colombia-streamlines-tax-incentives-for-renewables/ (accessed on 17 September 2021). [5]

Stewardson, L. (2019), *Cementos Argos increases waste co-processing capacity in Colombia*, World Cement, https://www.worldcement.com/the-americas/10052019/cementos-argos-increases-waste-co-processing-capacity-in-colombia/ (accessed on 27 September 2021). [22]

UPME (2021), *Self-generation and distributed generation requests 2021 (Solicitudes de autogeneración y generación distribuida 2021)*, Planning Unit of the Ministry of Mines and Energy (Unidad de Planeación Minero Energética, UPME), https://public.tableau.com/app/profile/upme/viz/AutogeneracionyGeneracionDistribuida2021/Historia1 (accessed on 17 September 2021). [9]

WBCSD (2019), "Global ELT Management - A global state of knowledge on regulation, management systems, impacts of recovery and technologies", *World Business Council for Sustainable Development (WBCSD)*, p. 57, https://docs.wbcsd.org/2019/12/Global_ELT_Management%E2%80%93A_global_state_of_knowledge_on_regulation_management_systems_impacts_of_recovery_and_technologies.pdf (accessed on 27 September 2021). [20]

Weatherby, C. (2019), *Waste-to-energy: A renewable opportunity for Southeast Asia?*, Eco-Business, https://www.eco-business.com/news/waste-to-energy-a-renewable-opportunity-for-southeast-asia/ (accessed on 27 September 2021). [17]

XM (2021), *Generación SIN*, Indicatores, https://www.xm.com.co/Paginas/Indicadores/Oferta/Indicador-generacion-sin.aspx (accessed on 5 October 2021). [3]

Notas

[1] Para más información (en español), véase: https://www.funcionpublica.gov.co/eva/gestornormativo/norma.php?i=4449.

[2] Para más información (en español), véase: http://apolo.creg.gov.co/Publicac.nsf/1c09d18d2d5ffb5b05256eee00709c02/0a6fcadc48be17910525785a007a5ce5?OpenDocument and http://apolo.creg.gov.co/Publicac.nsf/Indice01/Resoluci%C3%B3n-1996-CRG86-96.

[3] Para más información (en español), véase: http://apolo.creg.gov.co/PUBLICAC.NSF/Indice01/Resoluci%C3%B3n-1998-CREG107-98.

[4] Para más información (en español), véase: https://www.funcionpublica.gov.co/eva/gestornormativo/norma.php?i=7260.

[5] Para más información (en español), véase: https://www.funcionpublica.gov.co/eva/gestornormativo/norma.php?i=31427.

[6] Para más información (en español), véase: http://apolo.creg.gov.co/Publicac.nsf/Indice01/Resolucion-2010-Creg005-2010.

[7] El programa PROURE 2010-15 se prorrogó posteriormente hasta 2022 mediante la Resolución 41286 de 2016 del MME. Para más información (en español), véase:

https://www1.upme.gov.co/DemandaEnergetica/MarcoNormatividad/plan.pdf y https://www1.upme.gov.co/Paginas/PROURE.aspx.

[8] Para más información (en español), véase: http://www.suin-juriscol.gov.co/clp/contenidos.dll/Resolucion/4020552?fn=document-frame.htm$f=templates$3.0.

[9] La potencia reactiva es la que fluye hacia la red en un escenario de corriente alterna.

[10] Para más información (en español), véase: http://apolo.creg.gov.co/Publicac.nsf/1c09d18d2d5ffb5b05256eee00709c02/65f1aaf1d57726a90525822900064dac/$FILE/Creg015-2018.pdf and http://apolo.creg.gov.co/Publicac.nsf/1c09d18d2d5ffb5b05256eee00709c02/83b41035c2c4474f05258243005a1191/$FILE/Creg030-2018.pdf.

[11] Para más información (en español), véase: https://www.funcionpublica.gov.co/eva/gestornormativo/norma.php?i=85659.

[12] Para más información (en español), véase: https://www.funcionpublica.gov.co/eva/gestornormativo/norma.php?i=166326.

[13] Para más información (en español), véase: http://apolo.creg.gov.co/Publicac.nsf/1c09d18d2d5ffb5b05256eee00709c02/dafe4d4fc83940e2052580bf005b67d0?OpenDocument.

[14] Para más información (en español), véase: https://www.funcionpublica.gov.co/eva/gestornormativo/norma.php?i=64682.

[15] Para más información (en español), véase: https://dapre.presidencia.gov.co/normativa/normativa/DECRETO%20829%20DEL%2010%20DE%20JUNIO%20DE%202020.pdf.

[16] Para más información (en español), véase: https://www.funcionpublica.gov.co/eva/gestornormativo/norma.php?i=137050.

[17] Para más información (en español), véase: http://extwprlegs1.fao.org/docs/pdf/col146970.pdf.

[18] Para más información (en español), véase: https://www.incp.org.co/Site/2016/info/archivos/resolucion-045-minminas.pdf.

[19] Para más información (en español), véase: http://apolo.creg.gov.co/Publicac.nsf/1c09d18d2d5ffb5b05256eee00709c02/65f1aaf1d57726a90525822900064dac/$FILE/Creg015-2018.pdf and https://gestornormativo.creg.gov.co/gestor/entorno/docs/resolucion_creg_0030_2016.htm.

[20] Para más información (en español), véase: https://www.minenergia.gov.co/documents/10180/23517/48221-Res+MME+40715+10+Sep+2019.pdf.

[21] Los clientes de electricidad regulada tienen una demanda máxima inferior a 100 kilovatios y un consumo mensual de energía inferior a 55 mil kWh. Los usuarios comerciales e industriales con una demanda superior a 100 kilovatios y/o un consumo mensual de energía superior a 55 mil kWh también pueden optar por esta estructura (se inscriben automáticamente mientras estén conectados a la red) o

pueden elegir ser consumidores no regulados, lo que les permite negociar con un minorista o establecer acuerdos directos con un generador.

[22] Para más información (en español), véase: http://es.presidencia.gov.co/normativa/normativa/DECRETO%20926%20DEL%2001%20DE%20JUNIO%20DE%202017.pdf.

[23] Para más información (en español), véase: https://www.funcionpublica.gov.co/eva/gestornormativo/norma.php?i=78153.

[24] Para más información (en español), véase: https://www.minambiente.gov.co/images/BosquesBiodiversidadyServiciosEcosistemicos/pdf/Normativa/Decretos/dec_0838_230305.pdf.

[25] Para más información (en español), véase: https://eeppdelaceja.gov.co/download/resolucion-1890-de-2011-alternativas-para-la-disposicion-final-de-residuos/.

[26] Para más información (en español), véase: https://www.funcionpublica.gov.co/eva/gestornormativo/norma.php?i=45524.

[27] Para más información (en español), véase: https://www.suin-juriscol.gov.co/viewDocument.asp?id=1505864.

[28] Para más información (en español), véase: https://www.funcionpublica.gov.co/eva/gestornormativo/norma.php?i=69038.

[29] Para más información (en español), véase: https://www.cra.gov.co/documents/RESOLUCION-720-DE-2015-EDICION-Y-COPIA.pdf.

[30] Para más información (en español), véase: https://www.cra.gov.co/documents/RESOLUCION_CRA_853_DE_2018.pdf.

[31] Para más información (en español), véase: https://colaboracion.dnp.gov.co/CDT/Conpes/Econ%C3%B3micos/3874.pdf.

[32] Para más información (en español), véase: http://www.suin-juriscol.gov.co/viewDocument.asp?ruta=Decretos/1879924.

[33] Para más información (en español), véase: http://www.ideam.gov.co/documents/51310/526371/Resolucion+1362+2007++REQUISITOS+Y+PROCEDIMIENTOS+PARA+REG+DE+GENERADORES+DE+RESPEL.pdf/cdd6d851-013b-4bea-adf6-addec449f32b.

[34] Para más información (en español), véase: https://www.car.gov.co/vercontenido/2542 y http://documentacion.ideam.gov.co/openbiblio/bvirtual/023901/InformeResiduos2019.pdf.

[35] Para más información sobre las políticas de responsabilidad ampliada del productor, véase: https://www.oecd.org/env/tools-evaluation/extendedproducerresponsibility.htm.

[36] Para más información sobre las prácticas mundiales de gestión de los neumáticos al final de su vida útil, véase el Proyecto de la Industria del Neumático del Consejo Empresarial Mundial para el Desarrollo

Sostenible (WBCSD): https://www.wbcsd.org/Sector-Projects/Tire-Industry-Project/End-of-Life-Tires-ELTs.

[37] Para más información (en español), véase: https://www.minambiente.gov.co/images/normativa/app/resoluciones/f0-Resoluci%C3%B3n%20909%20de%202008%20%20-%20Normas%20y%20estandares%20de%20emisi%C3%B3n%20Fuentes%20fijas.pdf.

[38] Para más información (en español), véase: https://www.minambiente.gov.co/images/normativa/app/resoluciones/9b-Resoluci%C3%B3n%20802%20de%202014%20-%20Modifica%20parcialmente%20Resoluci%C3%B3n%20909%20de%202008.pdf.

[39] Para más información (en español), véase: https://ficem.org/coprocesamiento-de-residuos-en-america-latina/.

4 Mejoramiento de la competencia, la innovación y la financiación para el desarrollo de la bioenergía

Colombia ha implementado una serie de medidas para aumentar el atractivo del entorno de inversión del país, lo que ha permitido movilizar niveles crecientes de capital privado para desarrollos de energía renovable en los últimos años. Sin embargo, la inversión en proyectos de bioenergía, que lucha para competir con los combustibles fósiles y con la disminución de costos de la energía solar y eólica, sigue siendo limitada. Esto se ve agravado por la experiencia técnica local limitada para implementar proyectos y las percepciones de los riesgos por parte de los actores financieros con respecto a las tecnologías de bioenergía y la estabilidad de los flujos de ingresos de estas adiciones. Abordar estos problemas requiere esfuerzos para aumentar la conciencia y la familiaridad con las soluciones de bioenergía al tiempo que se hace posibles mejoras el acceso general a la financiación. Para ello se necesita, por ejemplo, ampliar el apoyo público y los fondos para el desarrollo de herramientas de reducción de riesgo para proyectos de bioenergía. La utilización de instrumentos del mercado de capitales como la emisión de bonos verdes puede igualmente ayudar a desbloquear financiamiento asequible para proyectos de bioenergía y para aumentar la base de inversionistas interesados en soluciones de energía limpia en Colombia..

Puntos destacados

- La competencia con los combustibles fósiles, las bajas tarifas de los vertederos y la disminución de los costos de la energía solar y eólica han hecho que atraer financiación e inversión para proyectos de bioenergía sea un reto. Para apoyar esas adiciones de capacidad se requiere medidas específicas para facilitar su acceso al mercado, incluyendo posibles elementos de diseño en subastas de energía renovable que atraigan a pequeños jugadores o que recompensen proyectos en función de criterios como la ubicación y la facilidad de uso del sistema.
- Las soluciones de bioenergía pueden impulsar la productividad y la competitividad, como ha sido el caso de las adiciones de cogeneración con la caña de azúcar y el aceite de palma. La concientización, el desarrollo de capacidades y el apoyo a la innovación ayudarán a habilitar la experiencia técnica local y a desbloquear oportunidades para tecnologías bioenergéticas adecuadas, como biodigestores para aplicaciones a pequeña escala.
- El costo de financiamiento para las tecnologías de bioenergía puede con frecuencia ser alto, debido en parte a la limitada experiencia local, la falta de familiaridad con esos proyectos y percepciones generales de riesgo por parte de los actores financieros. La financiación de proyectos también puede ser un desafío debido a la falta de historia crediticia o de solvencia de los prestatarios pequeños, además de las dificultades de demostrar un flujo de ingresos claro. El trabajo con socios financieros como Bancolombia, Bancoldex y Finagro puede aprovechar las líneas de créditos concesionales existentes para aumentar la conciencia y la capacidad para el desarrollo de proyectos de bioenergía.
- Colombia tiene varios fondos diseñados para apoyar proyectos de energía limpia, principalmente en forma de subvenciones, lo cual limita la cantidad de proyectos que pueden ser apoyados. Si se aplican estos fondos de manera más estratégica, por ejemplo, a través de herramientas de eliminación de riesgos como garantías y mejoramiento de crédito, se puede promover una participación más activa del capital privado para soluciones de bioenergía. El gobierno puede igualmente trabajar con fondos multilaterales e internacionales para diseñar mecanismos de financiamiento mixto que puedan catalizar el financiamiento privado para el desarrollo de la bioenergía en Colombia.
- El mercado de capitales no es una fuente significativa de financiación para proyectos de energía limpia en Colombia, pero representa una oportunidad sin explotar para aumentar el financiamiento asequible a largo plazo. Un apoyo para el diseño temprano y el uso de instrumentos del mercado de capitales, como la emisión de bonos verdes, puede ayudar a desbloquear el acceso a estos mercados y a profundizar la base de inversionistas para el desarrollo de energía limpia.

Colombia ha tomado una serie de medidas para aumentar el atractivo de su entorno de inversión desde la década de 1990 y el país ocupó el puesto 57 (entre 141 países) en el Informe de Competitividad Global del Foro Económico Mundial (Schwab, 2019[1]), subiendo del puesto 68 en 2010 (Schwab, 2010[2]). La situación macroeconómica estable de Colombia, su gran mercado interno y su dinámico entorno empresarial en crecimiento (cada uno clasificado respectivamente en los puestos 43, 37 y 49) han todos contribuido a fomentar la inversión en una serie de sectores críticos, incluido el desarrollo de energía limpia. Los acuerdos comerciales, incluidos 13 acuerdos bilaterales como los de Canadá (2011), los Estados Unidos (2012), la Unión Europea (2014) y Corea del Sur (2016), también han aumentado el atractivo económico del país.

La inversión privada en las Fuentes No Convencionales de Energía Renovable (FNCER) ha seguido aumentando en los últimos años, impulsada en particular por atractivas exenciones tributarias, regulaciones actualizadas sobre contratos bilaterales y las subastas de energía renovable de 2019. Aun así, Colombia necesitará atraer mayores cantidades de capital, incluyendo el proveniente de fuentes extranjeras, para hacer realidad sus ambiciones de energía limpia durante la próxima década y más allá. Sigue existiendo una amplia oportunidad para aumentar la inversión en proyectos de energía limpia y el Presidente Ivan Duque Márquez anunció en marzo del 2021 que el gobierno aceleraría las reformas para atraer IED en la generación de energía limpia (Espejo, 2021[3]). Esta es una afirmación positiva de la determinación del país de desbloquear su potencial de energía renovable, aunque el logro dependerá de la participación del sector privado, incluidos los usuarios comerciales e industriales que representan más de la mitad de la demanda de electricidad de Colombia (Morganstein et al., 2021[4]). Muchas de estas grandes empresas ya han comenzado a invertir en soluciones de energía limpia, como lo demuestra la cogeneración de bioenergía en la industria azucarera y de palma y la adquisición corporativa más reciente de energía solar en los techos.

Esta participación del capital privado, no obstante, puede mejorar considerablemente y la inversión en bioenergía, que actualmente se limita principalmente a la financiación de la industria en proyectos de cogeneración, no refleja las oportunidades técnicas y las ambiciones políticas señaladas por el gobierno. La competencia con los combustibles fósiles y las bajas tarifas de los rellenos sanitarios, incluso a la luz de medidas como la histórica Ley de Energía Renovable de 2014, han hecho que sea difícil atraer financiación e inversión para proyectos de bioenergía. Esto se ve agravado por la competencia reciente con la disminución de los costos de la energía solar y la eólica en las subastas de energía renovable de la UPME, cuyo precio por kilovatio producido no refleja claramente el valor socioeconómico más amplio de la capacidad de bioenergía, ni las oportunidades para que esas adiciones se utilicen para otros vectores de energía (por ejemplo, biogás y biocombustibles). La limitada experiencia con algunas soluciones de bioenergía, como los proyectos de biogás agrícola, también significa que se necesita un esfuerzo para respaldar el desarrollo de capacidades, las destrezas técnicas y el desarrollo y/o adaptación de tecnología para desbloquear estas oportunidades sin explotar.

Para mejorar esta situación se requerirá un marco de mercado más competitivo con un mejor acceso a financiación asequible y un mayor apoyo a la innovación. Por ejemplo, una mayor transparencia en el registro de proyectos y el proceso de aprobación de conexiones de la UPME ayudará a fomentar una mayor participación de proyectos de bioenergía. La consecución especifica de desarrollo de bioenergía, por ejemplo, para mejoramiento de la capacidad de generación de electricidad local incluso en zonas no interconectadas (ZNI), bajo las disposiciones de la Ley 2036 de 2020 con el fin de apoyar el desarrollo territorial de FNCER, también puede ayudar a crear una cartera clara de nuevos proyectos. La concientización y la capacitación técnica (por ejemplo, para la instalación y la operación de tecnologías de bioenergía con industrias y agricultores locales) aumentarán igualmente la capacidad para el desarrollo de proyectos. Estos tipos de acciones ayudarán a aprovechar las medidas regulatorias existentes y los incentivos para nivelar el campo de juego para nuevos proyectos de bioenergía, mientras mejoran el interés y la capacidad de entregar propuestas de proyectos "financiables" y modelos comerciales viables que estén "listos para los inversionistas".

La competencia justa en el mercado mejorará el caso comercial de los proyectos de bioenergía

El mercado eléctrico desagregado de Colombia permite inversión privada en todas las actividades del sector y múltiples actores contribuyen a los servicios de generación, transmisión, distribución y comercialización. Las reformas del mercado de electricidad desde mediados de los noventa ayudaron a introducir competencia en el sector y los inversionistas extranjeros pueden igualmente participar en el mercado, recibiendo el mismo tratamiento que los ciudadanos colombianos. En particular, la IED en la generación de electricidad tiene una restricción muy baja, incluso si persisten algunos problemas, por ejemplo con respecto a la eficiencia del marco legal para la solución de controversias (OECD, 2021[5]).

Al mismo tiempo, el mercado nacional de electricidad ha tenido dificultades para proporcionar un suministro confiable de electricidad en condiciones competitivas. (World Bank, 2019[6]). Eventos como la crisis del fenómeno del Niño de 2016 también significaron que los consumidores enfrentaron una significativa volatilidad de precios, donde por ejemplo las tarifas de electricidad a nivel comercial e industrial variaron hasta un 55% y un 35% con respecto a las tarifas de 2010 (Morganstein et al., 2021[4]). Además de la debilidad estructural como las fallas del mercado de confiabilidad de 2016, el poder de mercado también permanece bastante concentrado. En particular, más del 60% de la capacidad de generación es de propiedad de cuatro empresas (es decir, Emgesa, ISAGEN, Energía del Pacífico y la empresa pública, EPM) que también participan en otras actividades del mercado de electricidad.

Tres empresas adicionales controlan otro 16% de la capacidad de generación y también tienen participaciones en las actividades de transmisión, distribución y comercialización. La quiebra y la liquidación de Electricaribe en 2020 (una gran empresa de distribución) significó que el 68% de la distribución es igualmente propiedad de tres empresas (EPM, Condesa and Celsia). Esta concentración, junto con la continua volatilidad de precios, ilustra que la desagregación de las actividades del mercado de electricidad no resuelve necesariamente la fuerte integración vertical y horizontal del mercado, lo que a su vez influye en la competitividad general y puede desalentar a nuevos actores. Los problemas de concentración de mercado (por ejemplo, abuso del poder de mercado durante condiciones de oferta y demanda ajustadas) también han dado lugar a tarifas distorsionadas y a precios spot y de contratos alterados (World Bank, 2019[6]).

El mercado mayorista está abierto, pero las opciones son limitadas para algunos proyectos de bioenergía

Las reformas de 2018 de la Superintendencia de Industria y Comercio (Superintendencia de Industria y Comercio)[1] ayudaron a mejorar el marco competitivo general para las inversiones, por ejemplo al aumentar las investigaciones sobre manipulación de licitaciones con las consiguientes sanciones. El Decreto 570 de 2018 del Ministerio de Minas y Energía y su guía de contratos de compraventa de energía (Power Purchase Agreement, PPA), también ayudaron a permitir nuevas entradas en el mercado de electricidad, donde en particular, los mecanismos de contratos a largo plazo eran anteriormente una barrera significativa para las adiciones de energía renovable. Específicamente, los contratos bilaterales entre generadores y comercializadores a menudo adoptaban la forma de un contrato "take-or-pay" (NdT Contrato de compra garantizada), por lo general con una duración corta de uno o dos años (World Bank, 2019[6]).

El Decreto 570 de 2018 del MME resolvió esto al permitir que los generadores participen en el mercado mayorista por medio de transacciones a corto y largo plazo a través de obligaciones de energía firme (bajo subastas de confiabilidad) en contratos bilaterales o a través del mercado spot. Los contratos bilaterales, en particular han funcionado bien para adiciones a gran escala, como las firmadas en las subastas de energía renovable de 2019 y 2021, que ayudaron a atraer inversionistas extranjeros que representaron más de la mitad de las adjudicaciones de los participantes. Los acuerdos bilaterales a escala de servicios públicos también ayudaron a los minoristas a cumplir con los requisitos de su portafolio de energía renovable (consulte la sección regulatoria anterior) al asegurar PPAs de buen tamaño con jugadores generalmente grandes y experimentados. De hecho, los contratos adjudicados en las subastas de 2019 fueron de capacidades por encima de los 75 MW, aún si el piso para las ofertas se había establecido en 5 MW.

Técnicamente, los contratos bilaterales con jugadores pequeños y tamaños de generación más pequeños son posibles, pero pueden ser un desafío, especialmente para los actores menos establecidos. Este es particularmente el caso de las oportunidades con clientes no regulados, quienes solo pueden contratar a través de un único minorista según la Resolución 131 de la CREG de 1998.[2] Esto requiere efectivamente que los generadores más pequeños encuentren un minorista o comercializador dispuesto a actuar como conducto para suministrar electricidad a clientes no regulados. Adicionalmente, el minorista debe también aceptar satisfacer las necesidades de electricidad restantes del cliente, en caso de que el generador no tenga suficiente capacidad instalada (Morganstein et al., 2021[4]). Por lo tanto, es más fácil para los generadores más grandes negociar este tipo de contratos bilaterales, especialmente si tienen actividades minoristas integradas, lo que les permite contratar directamente con clientes no regulados.

Más allá de los acuerdos bilaterales, otra opción es que los generadores vendan su electricidad directamente en el mercado spot. Esto puede incluir a los auto generadores, siempre y cuando estén conectados a la red y que estén por encima de los 2 MW, al igual que proyectos de generación distribuida que superen los 20 MW. Esta opción puede funcionar bien para los generadores que tengan capacidad excedente existente (por ejemplo, en la cogeneración de la industria) e incluso puede complementar los acuerdos de contratos bilaterales (ver el Anexo I sobre cogeneración de caña de azúcar en Colombia). Sin embargo, el mercado spot por sí solo no brinda suficiente visibilidad en los precios a mediano y largo plazo (ni en la demanda eventual) para justificar el gasto de capital para nuevas adiciones de capacidad, ya que la previsibilidad de los precios no solo es fundamental para justificar las necesidades iniciales de capital, sino que también ayuda a cubrir frente a posibles fluctuaciones operativas (por ejemplo, en los precios de las materias primas para la generación de biogás). Dadas las preferencias de los minoristas por contratos bilaterales con mayores adiciones a escala de servicios públicos, esta brecha entre el mercado spot y los PPA deja efectivamente a los proyectos de menor escala en una posición desafiante para asegurar un claro flujo de ingresos.

Las obligaciones de energía firme, en comparación, pueden proporcionar términos más atractivos para dichos proyectos, ya que las obligaciones incluyen un pago de confiabilidad estable en USD durante un período de 20 años. Sin embargo, es posible que las subastas de energía firme por sí solas no proporcionen suficientes ingresos para atraer nuevas adiciones de capacidad. Además, la concentración de los actores establecidos en el mercado de generación otorga a esas empresas una ventaja natural y, en consecuencia, las subastas de energía firme han carecido de competencia. (World Bank, 2019[6]). Esto fue evidente en los picos de precios de 2016, donde una mayor inclusión de la energía renovable en los cargos por confiabilidad habría mejorado la diversidad de generadores y habría quitado presión a los combustibles fósiles (en particular al gas natural) en condiciones de suministro limitado.

En general, las reformas de 2018 pueden haber abierto el mercado eléctrico a nuevos actores e inversión extranjera, pero la entrada para actores y proyectos de generación más pequeños sigue siendo un desafío. Esto se aplica a proyectos de bioenergía, que además de competir con los precios de la energía solar y eólica en las subastas de energía renovable, también carecen de un camino claro hacía las ventas en el mercado mayorista más amplio. Por lo tanto, los esfuerzos para crear un campo de juego más nivelado para todos los tipos y tamaños de generadores serán fundamentales para mejorar el modelo de negocio para la inversión en proyectos de bioenergía.

El uso de medidas más específicas puede facilitar el acceso de la bioenergía al mercado

Una forma posible de resolver esto es revisar los elementos de diseño empleados en las subastas de energía renovable para respaldar una mayor participación de licitaciones de bioenergía en rondas futuras. Por ejemplo, los compradores y vendedores en las subastas de 2019 tenían que presentar bonos de compromiso como garantías financieras, donde específicamente los vendedores tenían que presentar una garantía de cumplimiento y una garantía de puesta en operación. Estos tipos de garantías se utilizan comúnmente para asegurar el éxito de una subasta y para desalentar el bajo rendimiento de los proyectos. (IRENA and USAID, 2021[7]). Sin embargo, las partes interesadas indicaron después de la primera subasta en febrero de 2019 que los montos de los bonos para los licitantes eran demasiado altos y podrían ser difíciles de obtener, especialmente con poco plazo. Los montos se redujeron posteriormente en las subastas de octubre de 2019 y 2021, pero aún pueden ser una barrera para algunos proyectos de bioenergía (entre otros), particularmente cuando las tecnologías o aplicaciones de bioenergía tienen una demostración limitada en el contexto colombiano y como resultado de ello, pueden tener dificultades para obtener las garantías necesarias.

Para resolver esto, el gobierno podría considerar actuar como garante de ciertos tipos de proyectos de bioenergía (por ejemplo, adiciones de capacidad de biogás a partir de flujos de desechos agrícolas o municipales). Las futuras subastas de energía renovable también podrían enfocarse en el diseño para atraer a jugadores pequeños, por ejemplo estableciendo criterios de selección de ganadores que compensen a los desarrolladores nuevos y/o pequeños más allá de sus ofertas de precios (IRENA and USAID, 2021[7]). El diseño de la subasta podría igualmente incluir precios que incorporen elementos como un componente de localización, que es una característica de las subastas de energía renovable en México, aumentando o disminuyendo así el valor de una licitación dependiendo de la facilidad de uso del sistema. Esto ha significado que incluso si algunos precios de licitación fueran más caros, los proyectos podrían aún ser seleccionados sobre otros menos costosos si tuvieran más valor para el sistema (por ejemplo, porque el proyecto estaba localizado en un lugar con escasez de energía) (OECD, 2021[8]).

Las subastas futuras podrían también aplicar criterios para recompensar proyectos específicamente en función de sus proyectos objetivo de bioenergía (Recuadro 4.1). Por ejemplo, el gobierno de Brasil anunció en diciembre de 2020 que llevaría a cabo una subasta específica para proyecto de conversión de residuos en energía en 2021 (ABREN, 2020[9]). Indonesia igualmente llevó a cabo subastas para tres proyectos de conversión de residuos en energía en 2019 y 2020, con planes adicionales para desarrollar 12 plantas de generación de ese tipo. (Lim, Yuen and Bhaskar, 2021[10]). Estos proyectos ayudarán a aprovechar un gran potencial para la producción de bioenergía y abordarán los desafíos de la competencia de precios con otras fuentes de energía renovable.

Otros enfoques de adquisición, como los modelos de asociación público privada (PPP por su sigla en inglés), también pueden ayudar a los desarrolladores de bioenergía a ingresar al mercado teniendo en cuenta los desafíos actuales para asegurar acuerdos bilaterales con comercializadores (RVO, 2021[11]). Por ejemplo, el apoyo a contratos para diseñar, construir, poseer y operar a través de empresas de servicios públicos (por ejemplo, EPM) podría ayudar a los desarrolladores de bioenergía a acceder al mercado y demostrar el valor de estas adiciones, al mismo tiempo que apoya a los proyectos a superar otras barreras críticas, tales como obtener financiación asequible sin un camino claro hacia un acuerdo contractual a más largo plazo. Estos tipos de estructuras contractuales también se pueden fomentar con los minoristas privados, ya sea a través de un apoyo específico (por ejemplo, incentivos fiscales para minoristas) o incluso requisitos de cartera específicos dentro de las reglas actuales de cartera.

Recuadro 4.1. Promoción del desarrollo de la bioenergía a través de subastas específicas en Brasil

Las soluciones de bioenergía pueden desempeñar un papel importante para satisfacer las crecientes necesidades de electricidad de Brasil, dados los importantes flujos de desechos agrícolas y municipales en el país. Por ejemplo, la asociación local de conversión de residuos en energía del país, Abren, identificó hasta 5 GW de potencial de capacidad de conversión de residuos en energía, que podría satisfacer hasta el 8% de la demanda nacional de electricidad. Para liberar este potencial se requeriría una inversión de alrededor de USD 30 mil millones (160 mil millones de reales brasileños). Sin embargo, al igual que en muchos otros países, estas potenciales soluciones de bioenergía han batallado para atraer inversiones, dada la competencia con otras fuentes de generación de electricidad y las subastas de energía renovable más recientes, cuyos esquemas de precios no han reflejado directamente el valor agregado de una mejor gestión de desechos.

Para permitir el desarrollo de estas oportunidades, la Agencia Nacional Regulatoria de Energía Eléctrica de Brasil (Agência Nacional de Energia Elétrica), adaptó el diseño de su subasta de generación de energía en 2021 para ayudar a conseguir adiciones de capacidad de bioenergía. Este nuevo proceso licitatorio estaba abierto a proyectos eólicos, solares, hidroeléctricos y de bioenergía (plantas térmicas que utilizan bagazo de caña de azúcar, astillas de madera y desechos sólidos urbanos) al igual que para capacidad de gas natural y carbón. Sin embargo, se aplicaron diferentes topes de precios por tecnología o grupos de tecnologías, lo que permitió la competencia dentro de estas categorías. Los generadores ganadores firmaron contratos directamente con empresas de distribución y los acuerdos de compra de energía (PPA) entrarán en vigor en enero de 2026.

Las nuevas subastas proporcionaron un límite de precio específico para las tecnologías de conversión de residuos en energía, lo que les permitió competir entre sí. El tope para los proyectos de residuos sólidos se fijó en USD 118 por MWh, comparado con el precio establecido para la energía eólica y solar de USD 35 por MWh. Otras tecnologías de bioenergía como el bagazo de caña de azúcar y las astillas de madera, cayeron dentro de la categoría térmica, con un precio máximo de USD 67 por MWh. Adicionalmente, mientras que los contratos para energía eólica y solar aseguraron unos plazos de 15 años, las plantas de bioenergía y las de conversión de residuos en energía obtuvieron contratos a 20 años.

Las recién diseñadas subastas se llevaron a cabo el 30 de septiembre de 2021, y se adjudicaron proyectos de energía renovable por 861 MW a un precio promedio de USD 44 por MWh. Dentro de estos recién otorgados PPAs, los proyectos de bioenergía obtuvieron las mayores adiciones, asegurando unos 321 MW de capacidad futura.

Ante la reciente escasez hidroeléctrica, el gobierno de Brasil tomó también la decisión de realizar una subasta térmica para las reservas de capacidad de Brasil. 132 proyectos de energía (tanto nuevos como existentes) competirán por 51 GW de contratos adjudicados en la subasta que está planeada para diciembre de 2021. El gas natural representa la mayoría de las licitaciones, aunque una parte importante de proyectos de bioenergía está también participando (entre otras tecnologías). En total, se registraron para participar 437 MW de capacidad de bioenergía, incluyendo biocombustibles (269 MW), bagazo de caña de azúcar (80 MW), RSU (45 MW), astillas de madera (25 MW) y biogás (18 MW).

Este impresionante cambio en los proyectos de bioenergía que participan en las subastas de energía de Brasil ilustra que adaptar el diseño de consecución (por ejemplo, a través de límites de precios específicos para la tecnología) puede alentar la participación de tecnologías poco representadas y aumentar la adjudicación de contratos a esos proyectos. Este enfoque específico ayudó igualmente a mejorar el descubrimiento de precios a través de una competencia más estrecha entre los tipos de proyectos.

Fuentes: (ABREN, 2021[12]); (REGlobal, 2021[13]); (Renewables Now, 2021[14]); (Renewables Now, 2021[15]); (BNAmericas, 2021[16])

La innovación y el desarrollo de capacidades pueden mejorar el modelo de negocio para la bioenergía

Colombia tiene un entorno de inversión atractivo en general, aunque persisten algunos desafíos para atraer mayores niveles de capital privado, incluso para el desarrollo de energía limpia, debido a problemas relacionados con la productividad, dados los altos niveles de informalidad en partes de la estructura económica del país (OECD, 2019[17]). Esto incluye una baja productividad que socava la competitividad y la capacidad de innovación, lo cual indirectamente afecta el atractivo de la inversión en soluciones de bioenergía.

Las respuestas a corto plazo de los problemas que enfrenta el sector han tendido a centrarse en los subsidios a los insumos, aunque una política reciente de 2019 sobre agricultura por contrato, promovió un vínculo a más largo plazo entre los pequeños productores y los mercados, por ejemplo promoviendo alianzas entre los sectores agrícola e industrial (OECD, 2020[18]). Las medidas adicionales dirigidas a la inversión estratégica en el desarrollo sostenible del sector agrícola (por ejemplo, una política fortalecida con respecto al gasto en innovación y tecnologías avanzadas en bioenergía) beneficiarían la capacidad relacionada de bioenergía, como las tecnologías de digestión anaeróbica.

Así mismo, existe una amplia oportunidad para desarrollar soluciones de energía limpia que impulsarían la sostenibilidad y la competitividad de la industria en general en Colombia, por ejemplo, a través de aplicaciones de bioenergía como las capacidades de cogeneración desarrolladas en la industria azucarera y de palma. La inversión en este tipo de soluciones sigue siendo limitada entre los diversos sectores industriales, mostrando mayores problemas de mercado con respecto a la productividad y la innovación en la industria y la agricultura (OECD, 2014[19]). La falta de familiaridad y experiencia entre los actores de la industria, por ejemplo para la implementación y el uso de tecnologías de bioenergía, contribuye igualmente a este débil despliegue y requiere competencia técnica adicional (RVO, 2021[11]).

Estos problemas de baja capacidad técnica y de innovación fueron señalados en la Estrategia de Crecimiento Verde de 2018, que posteriormente priorizó acciones para apoyar la ciencia, tecnología e innovación, al igual que el desarrollo del capital humano para apoyar el crecimiento verde. En particular, el informe destacó que la inversión en ciencia, tecnología e innovación es baja (alrededor del 0.7% del PIB en 2016), y el gasto en innovación por parte del sector privado es muy bajo, con un 54% de estas inversiones en 2006 y 2016 provenientes del sector público (DNP, 2018[20]). En cambio, alrededor del 70% de los gastos en innovación y desarrollo en los países de la OCDE son efectuados por el sector privado (OECD, 2020[21]).

Una mayor inversión en innovación puede mejorar el modelo de negocios para proyectos de bioenergía en Colombia, incluso mediante el desarrollo de soluciones costo efectivas que se adapten a las necesidades específicas o al contexto de la aplicación local. Por ejemplo, las soluciones tecnológicas importadas pueden no adaptarse a las condiciones específicas de la industria o a contextos operativos (por ejemplo, para uso en pequeñas granjas avícolas y lecheras). El desarrollo de tecnologías adecuadas (por ejemplo, biodigestores para aplicaciones a pequeña y micro escala) permitirá mayores oportunidades para el uso de la bioenergía en esas industrias. El apoyo a la inversión también puede centrarse en el desarrollo de capacidades para la producción local de bioenergía, por ejemplo, a través de la producción doméstica de pellets o gránulos utilizando desechos lignocelulósicos de la industria y la agricultura, que podrían utilizarse como sustitutos de combustibles fósiles en la generación de energía térmica. La innovación puede también apuntar a soluciones tales como nuevos modelos de negocios para clasificación y tratamiento de diversas formas de desechos.

También se necesita apoyo para desarrollar experiencia técnica, puesto que la industria local y los actores agrícolas pueden estar no familiarizados con la instalación, operación, mantenimiento, reparación y remplazo de tecnología de bioenergía. El aumento de la concientización junto con la capacitación y el desarrollo de capacidades, pueden ayudar a resolver esos problemas, al mismo tiempo que ayudan a identificar y desarrollar soluciones costo efectivas para proyectos locales de bioenergía, ya que esos actores están más familiarizados con la aplicación operativa y con las necesidades técnicas. El apoyo a la capacidad técnica local ayudará también a aumentar la productividad económica, como lo ilustran los proyectos apoyados por la iniciativa "Biovalor" en Uruguay (ver soluciones de energía limpia anteriores).

Los esfuerzos de innovación y desarrollo de capacidades para posibilitar soluciones de bioenergía en Colombia pueden basarse en iniciativas anteriores, como la agenda nacional de competitividad e innovación de 2014-18 (Agenda Nacional de Competitividad e Innovación[3]). Por ejemplo, el recién establecido, Centro de Desarrollo industrial, CENDI, puede apoyar la innovación en tecnologías de bioenergía reuniendo a las partes interesadas y poniendo a prueba soluciones de bioenergía para la industria en Colombia. El involucrar a autoridades como la Comisión Nacional de Competitividad e Innovación[4] y la agencia nacional de promoción empresarial y de emprendimiento, iNNpulsa, puede igualmente ayudar a fomentar la innovación para soluciones de bioenergía. Estos actores e iniciativas pueden también apoyar la capacitación, los servicios de orientación y otros ejercicios de desarrollo de capacidades para permitir el despliegue de tecnologías de bioenergía y soluciones comerciales en la industria y en otros sectores relevantes (por ejemplo, el de agricultura).

El gobierno también puede considerar el papel de los modelos de APP para permitir la investigación, desarrollo, demonstración y despliegue de tecnología de bioenergía, por ejemplo, a través de programas respaldados por el Ministerio de Ciencia, Tecnología e Innovación. Estos pueden ayudar a fomentar la inversión del sector privado en soluciones de bioenergía en las etapas iniciales del mercado o donde existe una experiencia de mercado limitada, al tiempo que permiten una mayor experiencia nacional en soluciones que pueden utilizar o reutilizar de manera más eficiente los abundantes recursos de desechos de Colombia para la producción de energía.

Se pueden también utilizar los recursos públicos limitados para apoyar etapas críticas de soluciones de energía limpia y empresas comerciales, por ejemplo, a través de capacitación específica y apoyo al desarrollo comercial. Estas medidas específicas pueden ayudar a garantizar una innovación exitosa, la puesta en marcha y la ampliación de soluciones de energía limpia, como ha sido el caso en otros países (Recuadro 4.2). Pueden también estimular un mayor desarrollo de las cadenas de suministro nacionales y los emprendedores de energía limpia, por ejemplo, ayudando a empresas a superar el "valle de la muerte".

Recuadro 4.2. Servicios InnoEnergy a través del Instituto Europeo de Innovación y Tecnología

El Instituto Europeo de Innovación y Tecnología (EIT) es una iniciativa que reúne actores para crear Comunidades de Conocimiento e Innovación para apoyar la investigación, el desarrollo, la demostración y el despliegue de tecnología en toda la Unión Europea. La iniciativa fue establecida por el Parlamento Europeo bajo el Reglamento No. 294 de 2008 con la ambición de conectar empresas, emprendedores, investigadores y otros actores del mercado a través de las comunidades de intercambio de conocimientos del EIT. En particular, estos grupos tienen como objetivo apoyar la comercialización y el despliegue de soluciones y tecnologías innovadoras al mejorar el acceso a los hallazgos de la investigación, recursos, redes y oportunidades de mercado.

EIT "InnoEnergy"[5] es una de esas comunidades que prioriza las soluciones de energía limpia. Esto incluye tres alianzas industriales específicas, dirigidas al almacenamiento de baterías, hidrógeno verde y energía solar fotovoltaica, con las cuales InnoEnergy tiene como objetivo apoyar innovaciones en estos campos con el fin de proporcionarle a la industria nuevas tecnologías que disminuyan las emisiones y mejoren la sostenibilidad, mientras reducen los costos de energía, aumentando el desempeño del sistema y mejorando la competitividad de la industria.

Para lograr su ambición de catalizar y acelerar la transición a energía limpia, InnoEnergy brinda apoyo a través de una serie de mecanismos, incluida la financiación a través de sus fondos, préstamos e incluso capital de riesgo de InnoEnergy. El apoyo personalizado incluye igualmente la asistencia necesaria para el desarrollo técnico y comercial y el EIT brinda oportunidades equitativas para la creación de redes, por ejemplo, a través de eventos organizados con actores industriales e inversionistas.

Al facilitar el apoyo y estos vínculos entre investigadores, innovadores y empresas, el EIT ha fomentado la innovación en una serie de sectores de energía limpia, incluyendo energías renovables, el almacenamiento de energía, las ciudades y las edificaciones sostenibles, energía sostenible para el transporte y la movilidad, las redes inteligentes y la eficiencia energética. Hasta la fecha, InnoEnergy ha facilitado alrededor de 560 millones de euros para más de 480 soluciones innovadoras, ayudando a los desarrolladores a recaudar más de 2.500 millones de euros en financiación total. Se espera que estas soluciones generen alrededor de 16.000 millones de euros en ingresos comerciales para 2026 y para 2030 las empresas apoyadas por EIT están programadas a ahorrar más de 1,000 millones de toneladas de of CO_2-equivalente, al tiempo que le ahorran a la industria unos 9.000 millones de euros en costos de energía.

Fuente: (InnoEnergy, 2020[22]) (InnoEnergy, 2021[23])

Un mejor acceso a la financiación aumentará la capacidad para el desarrollo de la bioenergía

Colombia ha tomado una serie de medidas en los últimos años para resolver el papel de las finanzas en el logro de sus objetivos de desarrollo sostenible y sus ambiciones de energía limpia. Esto incluye medidas implementadas por la Asociación Bancaria de Colombia, Asobancaria, para promover una mejor gestión, monitoreo y reporte de riesgos ambientales y sociales (IFC, 2018[24]). Por ejemplo, Asobancaria desarrolló un Protocolo Verde voluntario (Protocolo Verde en 2012, el cual ha sido adoptado por 13 instituciones bancarias (UNEP, 2021[25]). Asobancaria también emitió una guía detallada sobre la aplicación del Protocolo en su Guía General de Implementación y Administración de Riesgos Ambientales y Sociales[6] de 2016.

Otras iniciativas, como el Sistema Nacional de Cambio Climático del gobierno (Sistema Nacional de Cambio Climático, SISCLIMA),[7] han mejorado la coordinación ministerial y el dialogo publico privado sobre el financiamiento climático para apoyar el desarrollo de la cartera de proyectos. En 2018, SISCLIMA lanzó una hoja de ruta[8] para el desarrollo de productos financieros verdes (bonos verdes). Esta hoja de ruta planteó acciones para sentar las bases del mercado y promover estrategias para un mercado de bonos verdes sólido, basándose en las primeras emisiones de los bancos Bancolombia (2016), Davivienda y Bancóldex (2017) (IFC, 2018[24]). Además, la Superintendencia Financiera está desarrollando actualmente una taxonomía verde para apoyar a los actores financieros y a las partes interesadas en los sectores público y privado. La taxonomía incorporará un conjunto de definiciones claras para respaldar la identificación y evaluación de inversiones que pueden considerarse como verdes o ambientalmente sostenibles. Se abrieron a consulta pública[9] en septiembre del 2021, una primera serie de documentos en la Fase 1 del desarrollo de la taxonomía.

Estas acciones, entre otras, serán importantes para garantizar que exista un marco sólido que permita flujos de financiamiento verde en apoyo de la Contribución Determinada a Nivel Nacional de Colombia (NDC por su sigla en inglés) y las más amplias ambiciones ambientales y de desarrollo sostenible del gobierno. Aun así, lograr estos objetivos y metas establecidos en las políticas como por ejemplo las estrategias de Crecimiento Verde y de Bioeconomía requerirá aumentar la inversión y el financiamiento general en soluciones de energía limpia, incluyendo las medidas para resolver el costo de la deuda para el desarrollo de proyectos.

Abordar el costo del financiamiento apoyará una cartera más sólida de proyectos de bioenergía

Actualmente, el costo de financiamiento para la bioenergía y otras tecnologías de energía limpia puede ser a menudo alto, lo que limita la cartera de estos proyectos. En parte, esto se debe a la experiencia limitada con ciertas tecnologías, la falta de familiaridad con este tipo de proyectos y las percepciones generales de riesgo por parte de los actores financieros. La financiación para algunos proyectos, incluyendo especialmente las transacciones de pequeño tamaño, (por ejemplo, para fotovoltaicos en techos y biodigestores pequeños), también puede ser un desafío dada la calificación de crédito o la falta de historia crediticia de los prestatarios más pequeños. Las dificultades para demostrar flujos de ingresos claros, por ejemplo, debido a los desafíos para tener accesos a PPA bilaterales a largo plazo, influyen también en el costo de la financiación.

Al mismo tiempo, el costo de la financiación se ve también influenciado por el sector financiero del país, que está controlado por un puñado de grupos financieros con poca competencia. Esto contribuye a los altos márgenes de las tasas de interés (calculados como la diferencia entre las tasas de los depósitos y de los préstamos) que pueden superar el 7%, que está muy por encima de los márgenes observados en otros países latinoamericanos como Chile y México (OECD, 2019[26]). Estos márgenes de altas tasas de interés crean desafíos subsiguientes no solo para los proyectos de generación sino también para las industrias que buscan invertir en tecnologías de energía limpia (por ejemplo, para capacidad de bioenergía en el sitio).

El fortalecimiento de la regulación financiera y el fomento a una mayor competencia en el sector bancario pueden ayudar a hacer frente al costo total de financiamiento en Colombia. Varios bancos de segundo piso en Colombia, como Bancoldex, Findeter y Finagro, ya ofrecen líneas de crédito concesionales para el desarrollo de proyectos de bioenergía. Este es igualmente el caso de los bancos comerciales como Bancolombia, que ofrece una línea para inversiones en energía renovable a sus clientes agrícolas y agroindustriales, con financiamiento concesional bajo un modelo de leasing o arrendamiento (Recuadro 4.3).

Recuadro 4.3. Arroz Federal, planta de gasificación de cascarilla de arroz financiada bajo un modelo de leasing

Arroz Federal, un productor de arroz localizado en Tolima, en el centro-oeste de Colombia, invirtió en nueva capacidad de bioenergía en 2018 utilizando cascarilla de arroz como materia prima para la generación de energía. El proyecto, financiado por Bancolombia, utiliza el subproducto de la cascarilla de la producción de arroz, que de otra manera se hubiera descartado como desecho. A partir de las cascarillas se produce el biogás, que a su vez se utiliza para generar electricidad a través de un motor de combustión interna acoplado a un generador.

El proyecto, que entró en operación en 2019, es la primera planta de generación eléctrica de tamaño industrial a partir de cascarilla de arroz en Colombia. Se espera que la nueva capacidad de generación produzca alrededor de 2.2 gigavatios-hora de electricidad, lo que resultará en una reducción anual de alrededor de 450 toneladas de emisiones de CO2. Adicionalmente, el proyecto aumentará la competitividad del molino mediante el uso de desechos disponibles como materia prima directa para sus necesidades energéticas. Ya que Arroz Federal está conectado a la red, podría también potencialmente vender el excedente de electricidad a la red, incluso si esto no está previsto actualmente para el proyecto.

La inversión de la planta fue financiada bajo un modelo de leasing a diez años por Bancolombia por USD 772 millones. Azimut Energía S.A.S., una empresa especializada en eficiencia energética, implementó el proyecto y está a cargo de operar el sistema y de garantizar que la producción de energía satisfaga las necesidades de consumo anual de Arroz Federal.

Bancolombia brindó el financiamiento a través de su línea Leasing Agroverde, que se especializa en la modernización de activos en los sectores agrícola y agroindustrial con el objetivo de mejorar la productividad y la sostenibilidad ambiental. Si bien este tipo de proyecto sigue siendo menos común, la línea de crédito ofrece términos de préstamo atractivos para proyectos de eficiencia energética y de energía renovable al igual que para la construcción sostenible y la producción industrial más limpia. También proporciona asesoría técnica sobre potenciales inversiones cuando sea necesario y se podría aplicar a instalaciones similares con capacidad de bioenergía.

Fuente: (Grupo Bancolombia, 2018[27]) (Grupo Bancolombia, 2021[28])

Aun así, muchos prestatarios potenciales siguen siendo cautelosos con tales inversiones, dada la incertidumbre y la falta de familiaridad con las tecnologías de bioenergía y sus modelos comerciales. La concientización y el desarrollo de capacidades, como la asistencia técnica que ofrece Bancolombia bajo su línea de crédito sostenible para ayudar a los prestatarios a identificar las tecnologías apropiadas y los proveedores de equipos relevantes, deben considerarse, por lo tanto, como parte de los esfuerzos para abordar el acceso a la financiación y el costo general de capital. Otro tipo de apoyo, como el uso de facilidades de crédito verde y préstamos específicos en condiciones favorables, puede también alentar el financiamiento de proyectos de bioenergía, en particular cuando el capital privado percibe a los prestatarios o a las tecnologías como riesgosos. Por ejemplo, los acuerdos de microfinanzas con instituciones financieras locales pueden facilitar el acceso al capital para pequeñas empresas o agricultores que buscan desarrollar pequeñas soluciones de bioenergía in situ. (Recuardo 4.4).

Recuardo 4.4. Microfinanciamiento para mejorar el acceso a financiamiento de energía limpia en Bangladesh

El programa de Electrificación Rural y Desarrollo de Energía Renovable (RERED) del Banco Mundial utilizó una combinación de créditos en condiciones favorables y subsidios en Bangladesh para ayudar a desarrollar un mercado de soluciones asequibles de energía limpia, como sistemas solares domésticos, cocinas limpias y pequeños proyectos de bioenergía. El programa lanzado en 2008, apoyó la instalación de más de mil bombas de riego solar, 10 mil digestores domésticos de biogás, 1.9 millones de cocinas mejoradas y 3.1 millones de sistemas solares para el hogar.

La financiación para el programa RERED se originó con la Asociación Internacional de Fomento del Banco Mundial, que otorgó crédito concesional con vencimiento a largo plazo (38 años) al Ministerio de Finanzas de Bangladesh. El Banco Mundial también actuó como conducto para las subvenciones de otras partes, como el Fondo para el Medio Ambiente Mundial, la Alianza Mundial para la Ayuda Basada en resultados y el Banco Asiático de Desarrollo. Luego el Ministerio de Finanzas canalizó estos fondos y el crédito concesional a "Infrastructure Development Company Limited" (IDCOL), una institución financiera no bancaria de propiedad del gobierno la cual implementó al programa. Esto incluyó el apoyo a través del desarrollo de capacidades con actores financieros locales, como instituciones de microfinanzas y proveedores de tecnología, para aumentar la capacidad y mejorar la familiaridad con soluciones de energía limpia. Luego los actores financieros locales ayudaron a crear demanda de proyectos entre sus clientes empleando microfinanzas personalizadas, como contratos de compra y acuerdos de microcréditos.

Una parte clave del programa RERED fue la asistencia técnica para permitir la promoción de tecnología y las actividades de desarrollo de mercado, junto con la capacidad general para la administración, el seguimiento y la evaluación del programa. Específicamente, IDCOL brindó capacitación y desarrollo de capacidades para ayudar a las organizaciones socias a desarrollar experiencia técnica más allá de sus actividades financieras normales, lo que les permitió convertirse en distribuidores de tecnología de energía limpia (por ejemplo, con técnicos que instalan las tecnologías). Un proceso de monitoreo de múltiples niveles y de control de calidad ayudó igualmente a resolver los problemas en las etapas iniciales del programa.

Es importante destacar que el programa RERED ayudó a superar barreras como el acceso a financiamiento asequible y la baja capacidad técnica en los mercados de bajos ingresos. Las subvenciones para uso específico y el crédito concesional no solo respaldaron el desarrollo del mercado y las actividades de eliminación de riesgos, sino que también alentaron a las instituciones financieras locales a emprender proyectos que antes se consideraban "préstamos no productivos". Las economías de escala a través de las asociaciones también ayudaron a reducir el costo de las soluciones tecnológicas en los mercados locales, mejorando así el argumento comercial para los préstamos. El éxito general de la iniciativa se vio enfatizado por la entrada de varios competidores privados fuera de la iniciativa, lo que permitió que se replicara en el mercado y que se obtuviera una financiación atractiva sin el apoyo del programa e RERED.

Fuente: (World Bank, 2020[29]); (World Bank, 2014[30])

Los fondos públicos y la financiación combinada pueden reducir el riesgo de los proyectos y apalancar el capital privado.

El apoyo también puede diseñarse dentro o alrededor de los fondos e instrumentos financieros existentes. Por ejemplo, el financiamiento para proyectos de infraestructura local y municipal bajo la Financiera de Desarrollo Territorial, Findeter) podría utilizarse para apoyar proyectos municipales de conversión de residuos en energía. De manera similar, se podrían diseñar mecanismos dedicados (por ejemplo, desarrollos de biogás con la industria) dentro de los fondos de la Financiera de Desarrollo Nacional o con el Ministerio de Hacienda y Crédito Público. Se podría igualmente diseñar herramientas en colaboración con bancos como Bancoldex o Bancolombia, que ya aplican tasas de interés preferenciales bajo un modelo de leasing para algunos proyectos de energía limpia o con apoyo internacional para el desarrollo.

Si bien Colombia cuenta ya con una serie de fondos nacionales que están diseñados para apoyar el desarrollo de proyectos de energía limpia, estos en su mayoría brindaron apoyo a través de subvenciones. Esto limita el número de proyectos que pueden ser apoyados y no fomenta la participación activa del capital privado. La aplicación de estos fondos de manera más estratégica (por ejemplo, como herramientas para la mitigación de riesgos) ayudará a movilizar una mayor inversión privada y financiamiento a tasas mejoradas. Por ejemplo, FENOGE tiene una fuente permanente de capital a través de cargos por electricidad y la ha utilizado para apoyar proyectos a través de esquemas basados en subvenciones (GGGI, 2019[31]). Sin embargo, el fondo actualmente no puede prestar a proyectos o invertir en capital, lo que limita la escala de sus actividades. Al ampliar el mandato para que FENOGE pueda expandir sus actividades, por ejemplo, para coinversión en proyectos de energía limpia con la participación del sector privado, se podría ayudar al fondo a desempeñar un papel más importante en el aumento de la financiación y la inversión en soluciones de energía limpia, por ejemplo, al buscar la inyección de apoyo público para disminuir el riesgo percibido para tecnologías como las tecnologías de digestión anaeróbica.

El Fondo de apoyo financiero para la energización de las ZNI y el Fondo de Apoyo Financiero para la Energización de las Zonas Rurales Interconectadas de manera similar podrían ser adaptados para apoyar la financiación de proyectos de bioenergía en áreas rurales y en ZNI. Las herramientas de eliminación de riesgos como las garantías y el mejoramiento del crédito pueden ayudar a permitir que las tecnologías y las empresas de energía renovable menos establecidas puedan tener acceso a la financiación privada (OECD, 2021[32]). Las estructuras de préstamos directos y co-préstamos pueden igualmente aumentar la disponibilidad de financiación atractiva al mismo tiempo que ayudan a las instituciones financieras locales a ganar confianza en los préstamos para los proyectos de energía renovable (IRENA, 2016[33]). Por ejemplo, la Corporación Financiera de Energía Limpia de Australia, ("Clean Energy Finance Corporation of Australia") utiliza asociación de agregación con bancos comerciales en todo el país para ofrecer deuda (préstamos directo) para financiar tecnologías de energía limpia elegibles.[10] Este modelo de financiamiento mayorista ofrece recursos financieros a bajo costo a los socios financieros, quienes a su vez pueden ofrecer condiciones atractivas, como tasas de interés reducidas. A partir de 2019, estas asociaciones permitieron inversiones por más de AUD 800 millones (alrededor de USD 575 millones) en más de 5.500 proyectos a pequeña escala (Wapner and Youngs, 2019[34]).

Colombia también puede trabajar con fondos multilaterales e internacionales para diseñar mecanismos de financiamiento mixto que ayuden a catalizar financiamiento privado para proyectos de bioenergía. Por ejemplo, el Fondo de Desafío de Recuperación Verde de la Asociación para Transiciones Climáticas Aceleradas del Reino Unido ("United Kingdom's Partnering for Accelerated Climate Transitions (UK PACT) Green Recovery Challenge Fund") y la iniciativa "Scale-up Climate Finance" del Banco Mundial se han centrado ambos en la bioenergía como parte de su apoyo al desarrollo de energía limpia. Varios de estos fondos globales[11] podrían aprovecharse para atraer financiamiento privado para proyectos de bioenergía en Colombia, por ejemplo a través de instrumentos de reducción de riesgo como garantía de primera pérdida y riesgo parcial, coinversiones y subordinación entre otros.[12] Los mecanismos de financiamiento combinado del Ministerio de Hacienda y Crédito Público podrían usarse para canalizar fondos de desarrollo y financiamiento climático hacía proyectos de bioenergía, posiblemente a través de la creación de una plataforma de financiamiento combinado de múltiples donantes como el "One Fund" de Indonesia (Recuadro 4.5). Las experiencias con otros mecanismos financieros verdes, como los de Mongolia y Sudáfrica, también destacan el papel de los diferentes modelos que se pueden usar para permitir inversiones privadas en energía limpia y para atraer capital privado para proyectos que de otro modo no serían financiados por el mercado (OECD, 2021[8]).

Recuadro 4.5. Alcanzar los Objetivos de Desarrollo Sostenible (ODS) a través del "SDG Indonesia One Fund"

Indonesia ha contribuido activamente al desarrollo de mecanismos de financiación combinados que utilizan fondos de desarrollo para ayudar a catalizar la financiación privada. En 2018, el Ministerio de Finanzas del país y la empresa estatal responsable de financiar los proyectos de infraestructura en el país (PT Sarana Multi Infrastruktur, PT SMI) lanzaron una plataforma de financiación combinada integrada conocida como "SDG Indonesia One". La iniciativa es una plataforma de financiación combinada con múltiples donantes con unos USD 3 mil millones en compromisos de financiación para apoyar el logro de los ODS de Indonesia. Es una de las primeras iniciativas de este tipo a nivel mundial, que integra múltiples áreas de financiación en las etapas de desarrollo del proyecto, desde la preparación del proyecto y la eliminación de riesgos hasta el financiamiento y equidad.

En el nivel de implementación, PT SMI es responsable de administrar el fondo y de trabajar en estrecha colaboración con las instituciones financieras de desarrollo para establecer una serie de mecanismos financieros, incluyendo aquellos dedicados a apoyar el desarrollo de energía limpia. Estos productos de financiación flexibles pueden incluir instrumentos de primera pérdida y garantías de riesgo parcial, así como coinversiones y subordinación. Un ejemplo notable es el uso de una subvención del banco de desarrollo francés (Agence Française de Développement) para establecer un mecanismo de primera pérdida que cubre un máximo del 15% del valor del préstamo para una pequeña planta hidroeléctrica. Esto ayudó a otros bancos comerciales a financiar el proyecto.

En efecto, el fondo SDG One Indonesia está diseñado para apalancar los fondos de los donantes para mejorar la bancabilidad del proyecto y atraer capital privado. Por ejemplo, el fondo de capital de la plataforma puede ser utilizado para crear oportunidades para que el capital privado participe en proyectos totalmente nuevos y proyectos de expansión. Este uso estratégico de la financiación combinada ayudará a habilitar soluciones de energía limpia en Indonesia, mejorando la viabilidad del mercado y demostrando las oportunidades comerciales y los modelos de financiación para las tecnologías de energía limpia.

Fuentes: (ADB, 2020[35]) and (PTSMI, 2021[36]).

Los mercados de capital son una oportunidad no explotada para el desarrollo de energía limpia

Para satisfacer las necesidades generales de inversión para las ambiciones de energía renovable de Colombia, incluyendo el desarrollo de la bioenergía, se requerirá una mayor disponibilidad de capital a largo plazo, junto con un mayor desarrollo del mercado de capitales del país. Los mercados de acciones y bonos en Colombia están menos desarrollados que los de algunos pares regionales, por lo que se pierde la oportunidad de cambiar los ahorros de los depósitos a corto plazo hacia inversiones a más largo plazo, como el desarrollo de energía limpia (OECD, 2019[17]). Las recientes emisiones de bonos verdes, incluyendo el primer bono verde soberano de Colombia en septiembre de 2021 al igual que las emisiones de bonos verdes y sostenibles por el Banco W y por Icetex que fueron apoyados por Bancolombia, son señales alentadoras de progreso al conectar el sector financiero y el mercado de capitales para satisfacer las ambiciones de desarrollo sostenible del país. Sin embargo, hay obstáculos que impiden oportunidades importantes para atraer financiación a largo plazo para activos e inversiones de energía limpia.

En particular, el mercado de bonos corporativos en Colombia sigue siendo subdesarrollado en comparación con pares regionales, principalmente debido a baja liquidez y problemas del sector financiero, incluyendo costos más altos para emisión de bonos que créditos bancarios, pocos inversionistas institucionales y un entorno de inversión altamente regulado (OECD, 2019[17]). El resultado es que la mayoría de las emisiones han sido por el gobierno y por emisores del sector financiero (por ejemplo, para productos financieros verdes) con pocas emisiones de bonos verdes corporativos (UNEPFI, 2020[37]). De hecho, mientras Colombia fue el segundo emisor más grande de América Latina de bonos soberanos en el mercado de deuda internacional para el primer trimestre de 2021, fue el segundo emisor más pequeño de bonos corporativos internacionales (UNECLAC, 2021[38]).

El mercado de capitales no ha sido tampoco una fuente de financiación para proyectos de energía limpia. Solo hay unas pocas empresas grandes cómodas con los costos y beneficios de cotizar en el mercado bursátil, lo cual no es raro en América Latina (OECD, 2019[26]). Sin embargo, el mercado de capital de Colombia tiene niveles de liquidez notablemente inferiores en comparación con sus pares, y en 2017, el volumen comercial anual promedio del mercado representaba solamente el 4.2% del PIB (en comparación, Chile y México tenían el 13.7% y el 9.5%, respectivamente). Además, la capitalización del mercado de las empresas locales (39% del PIB en 2020, (World Bank, 2021[39])) también se ha movido hacía la consolidación y la suspensión de la cotización en bolsa entre las empresas públicas: de 110 emisores de acciones en 2001 a 68 en 2019 (Reuters, 2019[40]). Esto se debe principalmente a la engorrosa regulación, incluyendo los requisitos de cotizar en bolsa y de revelación, lo cual aumenta el costo de las empresas que cotizan en bolsa. Esto puede ser particularmente disuasivo para pequeñas y medianas empresas (OECD, 2019[17]).

En respuesta, el gobierno creó una Misión Mercado de Capitales[13] a finales de 2018, que posteriormente identificó las barreras críticas que no han permitido el desarrollo del mercado y brindó una serie de recomendaciones para acciones futuras en reporte final en 2019. Estas medidas y reformas sugeridas deben respaldar el logro de un mercado de capitales más profundo y eficiente que pueda respaldar un financiamiento más sólido para proyectos y empresas de energía limpia (por ejemplo, al reducir los costos de acceso al mercado). Medidas adicionales, como el marco de taxonomía emergente, ayudarán también a respaldar los flujos de capital hacía proyectos verdes y el desarrollo de energía limpia.

Sobre la base de estos desarrollos prometedores, el gobierno puede considerar más políticas y acciones regulatorias para ayudar a diversificar los productos financieros y desarrollar instrumentos de mercado de capitales para proyectos de energía limpia. Estos pueden complementarse con medidas como capacitación y desarrollo de capacidades para familiarizar a los actores del mercado con los aspectos institucionales y operativos de esos proyectos. La estandarización de la documentación del proyecto y las medidas para resolver los problemas de escala necesarios para atraer capital internacional (por ejemplo, mediante el apoyo a la agregación y titularización de proyectos) pueden desarrollar el uso de instrumentos del mercado, como los títulos valores respaldados por activos y los bonos vinculados a sostenibilidad. Estos instrumentos ayudarán a profundizar y expandir la base actual de inversionistas para el desarrollo de energía limpia, por ejemplo, recurriendo a inversionistas institucionales internacionales como seguros y fondos de pensiones.

Aprovechar los mercados de capital también puede ayudar a reciclar el capital para el desarrollo de energía limpia, incluida la posible refinanciación en términos más atractivos. A nivel mundial, el capital institucional ha mostrado preferencia por los activos operativos (por ejemplo, la cogeneración de bioenergía existente y la capacidad hidroeléctrica) ya que estos suelen tener flujos de ingresos claros y evitan los riesgos de los inversionistas en las etapas de diseño y desarrollo de un proyecto. De hecho, entre el 2009 y el 2019, más del 75% de los negocios de energía renovable que involucraron inversionistas institucionales se realizaron en activos operativos (IRENA, 2020[41]). El apoyo para el diseño temprano y el uso de instrumentos del mercado de capitales (por ejemplo, la posible aplicación de un mecanismo de mejora crediticia para ayudar a los proyectos de energía limpia a lograr calificaciones crediticias de AA y superiores) puede ayudar a desbloquear el acceso a estos mercados institucionales, al mismo tiempo que genera interés en futuros desarrollos proporcionando un perfil de rentabilidad – riesgo más claro para los inversionistas.

Referencias

ABREN (2021), *Brazil opens path for Waste-to-Energy projects*, Brazilian Association for Energy Recovery of Waste (Associação Brasileira de Recuperação Energética de Resíduos, ABREN), https://abren.org.br/en/2021/01/14/brazil-opens-path-for-waste-to-energy-projects-bnamericas/ (accessed on 4 October 2021). [12]

ABREN (2020), *Ministry of Mines and Energy Announces Brazil's First MSW Energy Recovery Auction (MME Anuncia o Primeiro Leilão de Recuperação Energética de RSU do Brasil)*, Brazilian Association for Energy Recovery of Waste (Associação Brasileira de Recuperação Energética de Resíduos, ABREN), https://abren.org.br/en/2020/12/09/mme-anuncia-o-primeiro-leilao-de-recuperacao-energetica-de-rsu-do-brasil/ (accessed on 30 September 2021). [9]

ADB (2020), *Proposed Loan and Technical Assistance Grant Indonesia: Sustainable Development Goals Indonesia One-Green Finance Facility Phase 1*, Asian Development Bank (ADB), https://www.adb.org/projects/54152-001/main (accessed on 5 October 2021). [35]

BNAmericas (2021), *'Without thermal plants, we would already be rationing energy' - BNamericas*, Interviews, https://www.bnamericas.com/en/interviews/without-thermal-plants-we-would-already-be-rationing-energy (accessed on 5 October 2021). [16]

DNP (2018), "CONPES 3934", in *Green Growth Policy (Política de Crecimiento Verde)*, National Council for Social and Economic Policy (Consejo Nacional de Política Económica y Social, CONPES), National Planning Department (Departamento Nacional de Planeación, DNP), https://colaboracion.dnp.gov.co/CDT/Conpes/Econ%C3%B3micos/3934.pdf (accessed on 6 September 2021). [20]

Espejo, S. (2021), *Colombia accelerating reforms to attract investment in clean energy generation*, S&P Global - Platts, https://www.spglobal.com/platts/en/market-insights/latest-news/electric-power/030121-ceraweek-colombia-accelerating-reforms-to-attract-investment-in-clean-energy-generation (accessed on 28 September 2021). [3]

GGGI (2019), *Review of GGGI's Experience to Design and Operationalize National Financing Vehicles to Finance Climate and Green Growth Policy Implementation — Global Green Growth Institute*, Global Green Growth Institute, Seoul, https://gggi.org/report/review-of-gggis-experience-to-design-and-operationalize-national-financing-vehicles-to-finance-climate-and-green-growth-policy-implementation/ (accessed on 4 October 2021). [31]

Grupo Bancolombia (2021), *Leasing Agroverde*, Products and Services of Bancolombia, https://www.bancolombia.com/wps/portal/negocios/productos-financieros/leasing-agroverde (accessed on 29 November 2021). [28]

Grupo Bancolombia (2018), *Arroz Federal builds the first risk husk power generation plan in the country (1ra planta de generación de energía con cascarilla de arroz)*, Press Release, https://www.bancolombia.com/wps/portal/acerca-de/sala-prensa/noticias/innovacion/primera-planta-generacion-de-energia-con-cascarilla-de-arroz/!ut/p/z0/04_Sj9CPykssy0xPLMnMz0vMAfIjo8zijdwtPQ29TQz9DFz8XQ0CvZ18A42cTA0DQkz0C7IdFQEIXZOT (accessed on 29 November 2021). [27]

IFC (2018), *Country Progress Report: Addendum to SBN Global Progress Report - Colombia*, International Finance Corporation (IFC) Sustainable Banking Network, https://www.ifc.org/wps/wcm/connect/61248fe6-e9ba-4cb3-aed0-581e50e842e3/SBN+Country+Progress+Report+-+Colombia.pdf?MOD=AJPERES&CVID=m745XQC (accessed on 1 October 2021). [24]

InnoEnergy (2021), *Investment Round for Innovation Projects*, EIT Inno Energy, https://investmentround.innoenergy.com/ (accessed on 5 October 2021). [23]

InnoEnergy (2020), *EIT InnoEnergy Impact Report 2020*, Discover Innovative Solutions, https://www.innoenergy.com/discover-innovative-solutions/reports/impact-report-2020/ (accessed on 5 October 2021). [22]

IRENA (2020), *Renewable energy finance: Institutional capital*, International Renewable Energy Agency (IRENA), https://www.irena.org/publications/2020/Jan/RE-finance-Institutional-capital (accessed on 1 October 2021). [41]

IRENA (2016), *Unlocking Renewable Energy Investment: The role of risk mitigation and structured finance*, International Renewable Energy Agency (IRENA), https://www.irena.org/publications/2016/Jun/Unlocking-Renewable-Energy-Investment-The-role-of-risk-mitigation-and-structured-finance (accessed on 1 October 2021). [33]

IRENA and USAID (2021), *Renewable energy auctions in Colombia: context, design and results*, International Renewable Energy Agency (IRENA) and United States Agency for International Development (USAID), https://www.irena.org/publications/2021/March/Renewable-energy-auctions-in-Colombia. [7]

Lim, W., E. Yuen and A. Bhaskar (2021), "Waste-to-energy: Green solutions for emerging markets", *KPMG*, https://home.kpmg/xx/en/home/insights/2019/10/waste-to-energy-green-solutions-for-emerging-markets.html (accessed on 30 September 2021). [10]

Morganstein, J. et al. (2021), "Renewable Energy Procurement Guidebook for Colombia", *World Resources Institute*, http://dx.doi.org/10.46830/WRIGB.19.00129. [4]

OECD (2021), *Clean Energy Finance and Investment Policy Review of Indonesia*, Green Finance and Investment, OECD Publishing, Paris, https://dx.doi.org/10.1787/0007dd9d-en. [8]

OECD (2021), *Global experience in catalysing renewable energy finance and investment*, Organisation for Economic Co-operation and Development (OECD), https://www.oecd.org/cefim/india/global-study/ (accessed on 1 October 2021). [32]

OECD (2021), *OECD International Direct Investment Statistics*, Organisation for Economic Co-operation and Development (OECD), https://dx.doi.org/10.1787/2307437x. [5]

OECD (2020), *Agricultural Policy Monitoring and Evaluation 2020*, OECD Publishing, Paris, https://dx.doi.org/10.1787/928181a8-en. [18]

OECD (2020), *Research and Development Statistics 2020*, Organisation for Economic Co-operation and Development (OECD), Paris, https://www.oecd.org/sti/inno/researchanddevelopmentstatisticsrds.htm (accessed on 1 October 2021). [21]

OECD (2019), *Equity Market Development in Latin America: Colombia*, Organisation for Economic Co-operation and Development (OECD), https://www.oecd.org/corporate/ca/Colombia-Latin-America-Equity-Markets.pdf (accessed on 30 September 2021). [26]

OECD (2019), *OECD Economic Surveys: Colombia 2019*, OECD Publishing, Paris, https://dx.doi.org/10.1787/e4c64889-en. [17]

OECD (2014), *OECD Review of Innovation Policy: Colombia*, OECD, Paris. [19]

PTSMI (2021), *SDG Indonesia One*, Strategic Operation, https://ptsmi.co.id/sdg-indonesia-one (accessed on 5 October 2021). [36]

REGlobal (2021), *Brazil sets ceiling price for upcoming A-5 auction*, News -Analysis and perspectives for CXOs, https://reglobal.co/brazil-sets-ceiling-price-for-upcoming-a-5-auction/ (accessed on 4 October 2021). [13]

Renewables Now (2021), *Brazil registers 437 MW of renewables for capacity reserve auction*, News, https://renewablesnow.com/news/brazil-registers-437-mw-of-renewables-for-capacity-reserve-auction-754132/ (accessed on 5 October 2021). [15]

Renewables Now (2021), *Contracts awarded to 861 MW of renewables in Brazil's latest tender*, News, https://renewablesnow.com/news/contracts-awarded-to-861-mw-of-renewables-in-brazils-latest-tender-755961/ (accessed on 5 October 2021). [14]

Reuters (2019), *Reforms to Colombia capital market may face rough road in Congress: experts*, https://www.reuters.com/article/us-colombia-economy-idINKCN1VB2CB (accessed on 1 October 2021). [40]

RVO (2021), *Waste Management in the LATAM Region: Business Opportunities for the Netherlands in waste/circular economy sector in eight countries of Latin America*, The Netherlands Enterprise Agency (RVO), https://www.rvo.nl/sites/default/files/2021/02/Report_LATAM_Waste_Management_feb_2021.pdf (accessed on 16 September 2021). [11]

Schwab, K. (2019), *Insight Report: The Global Competitiveness Report 2019*, World Economic Forum, Geneva, http://www3.weforum.org/docs/WEF_TheGlobalCompetitivenessReport2019.pdf (accessed on 28 September 2021). [1]

Schwab, K. (2010), *The Global Competitiveness Report 2010-2011*, World Economic Forum, Geneva, http://www3.weforum.org/docs/WEF_GlobalCompetitivenessReport_2010-11.pdf (accessed on 28 September 2021). [2]

UNECLAC (2021), *Capital Flows to Latin America and the Caribbean: first four months of 2021*, United Nations Economic Commission for Latin America and the Caribbean (UNECLAC), Santiago, https://www.cepal.org/sites/default/files/news/files/capital_flows_to_lac_first_four_months_of_2021.pdf (accessed on 8 October 2021). [38]

UNEP (2021), *Sustainable Finance Activities in Latin America & the Caribbean*, United Nations Environment Programme (UNEP) Finance Initiative, https://www.unepfi.org/wordpress/wp-content/uploads/2021/06/Country-Profiles-Sustainable-Finance-Activities-Somente-Leitura.pdf (accessed on 1 October 2021). [25]

UNEPFI (2020), *COLOMBIA - Sustainable Finance Activities*, UNEP Finance Initiative. [37]

Wapner, A. and R. Youngs (2019), *Green Bank Insight: Aggregation and Securitization*, Coalition for Green Capital, https://greenbanknetwork.org/wp-content/uploads/2019/04/Green-Bank-Aggregation-and-Securitization-Coalition-for-Green-Capital.pdf (accessed on 1 October 2021). [34]

World Bank (2021), *Market capitalization of listed domestic companies (% of GDP)*, World Federation of Exchanges Database, https://data.worldbank.org/indicator/CM.MKT.LCAP.GD.ZS (accessed on 1 October 2021). [39]

World Bank (2020), *Rural Electrification and Renewable Energy Development II (RERED II) Project (P131263)*, Implementation Status & Results Report, https://documents1.worldbank.org/curated/en/288301608727922563/pdf/Disclosable-Version-of-the-ISR-Rural-Electrification-and-Renewable-Energy-Development-II-RERED-II-Project-P131263-Sequence-No-39.pdf (accessed on 5 October 2021). [29]

World Bank (2019), *Learning from Developing Country Power Market Experiences : The Case of Colombia*, World Bank Group, Washington DC, https://documents.worldbank.org/en/publication/documents-reports/documentdetail/898231552316685139/learning-from-developing-country-power-market-experiences-the-case-of-colombia (accessed on 27 August 2021). [6]

World Bank (2014), *Scaling Up Access to Electricity: The Case of Bangladesh*, https://documents1.worldbank.org/curated/en/699721468003918010/pdf/88702-REPF-BRI-PUBLIC-Box385194B-ADD-SERIES-Live-wire-knowledge-note-series-LW21-New-a-OKR.pdf (accessed on 5 October 2021). [30]

Notas

[1] Para más información, véase: https://thelawreviews.co.uk/title/the-public-competition-enforcement-review/colombia.

[2] Para más información (en español), véase: https://gestornormativo.creg.gov.co/gestor/entorno/docs/resolucion_creg_0131_1998.htm.

[3] Para más información (en español), véase: https://www.mincit.gov.co/minindustria/competitividad-e-innovacion.

[4] Para más información (en español), véase: http://www.colombiacompetitiva.gov.co/snci/el-sistema/comision-nacional-competitividad-innovacion.

[5] Para mayor información: https://www.innoenergy.com/about/about-eit-innoenergy/eit-at-a-glance/.

[6] Para mayor información (en español), véase: https://www.asobancaria.com/wp-content/uploads/2017/01/V2-Gui%CC%81a-General-de-Implementacio%CC%81n-ARAS-12-Ene-2107-1.pdf.

[7] Para mayor información, véase: https://climate-laws.org/geographies/colombia/policies/national-climate-change-decree-sisclima.

[8] Para mayor información, véase: https://cdkn.org/wp-content/uploads/2017/07/Roadmap-actions-for-setting-a-green-bond-market-in-Colombia.pdf.

[9] Para mayor información (en español), véase: https://www.superfinanciera.gov.co/jsp/10109182.

[10] Para mayor información, véase: https://www.oecd.org/cefim/india/CEFC/.

[11] Para mayor información, véase: http://www.globalbioenergy.org/fileadmin/user_upload/gbep/docs/Financing_tool/Funding_Instruments_for_Bioenergy_Projects_and_Programmes_2021_UPDATE.pdf.

[12] Para mayor información, véase: OECD Progress update on Approaches to Mobilising Institutional investment for Sustainable Infrastructure.

[13] For more information (in Spanish), see: http://www.urf.gov.co/webcenter/portal/urf/pages_c/misinmercadodecapitales.

5 Perspectivas para permitir una mayor financiación e inversión para soluciones de bioenergía

Las reformas de políticas y las señales del mercado han jugado un papel fundamental para permitir el desarrollo de la energía limpia en Colombia, incluyendo los recientes desarrollos de energía solar y eólica. Para desbloquear oportunidades para la bioenergía se requiere construir sobre ese progreso para apuntar a medidas regulatorias e incentivos de mercado que permitan el financiamiento y la inversión en estas soluciones. El gobierno de Colombia puede emprender una serie de acciones tales como establecer metas claras y adiciones de capacidad, mejorar la coordinación entre las autoridades relevantes, fortalecer la orientación y las regulaciones sobre disposición de desechos y garantizar al acceso a la red para soluciones de energía distribuida. El gobierno puede también trabajar con socios para mejorar la concientización y la familiaridad con las tecnologías de bioenergía, al mismo tiempo que apoya esquemas financieros específicos para fomentar una financiación asequible y reducir el riesgo de inversión en esos proyectos.

Colombia ha logrado un progreso notable durante la última década en el desarrollo del entorno de políticas generales y el marco de mercado para el desarrollo de la energía limpia. La reciente actualización de la Contribución Determinada a Nivel Nacional (NDC) del gobierno, junto con una serie de importantes señales políticas de alto nivel como las estrategias de Crecimiento Verde, Economía Circular y Bioeconomía, han enfatizado todas, el compromiso del país para reducir sus emisiones de GEI y alcanzar sus Objetivos de Desarrollo Sostenible. Otras reformas, las mejoras en curso del mercado de capitales y el marco de finanzas sostenibles emergente a través de la próxima taxonomía, son también medidas críticas que señalan la intención del gobierno de lograr esas ambiciones de sostenibilidad de alto nivel.

Aun así, permitir la transición hacía la energía limpia a través de oportunidades como el desarrollo de la bioenergía requiere señales de políticas adicionales, reformas regulatorias e incentivos de mercado para crear el entorno propicio para la inversión en estas soluciones. Colombia tiene la suerte de contar con considerables recursos de energía limpia, desde capacidades solares y eólicas excepcionales hasta flujos de desechos agrícolas, industriales y municipales sin explotar que se pueden utilizar para producir múltiples formas de bioenergía, ya sean biocombustibles para el transporte, biogás para la industria o biodigestión para la producción limpia de electricidad y calor. Estas oportunidades de bioenergía pueden desempeñar un papel fundamental para hacer frente a la creciente dependencia de las importaciones de combustibles fósiles, no solo aprovechando los recursos de energía renovable disponibles en el país, sino también aumentando la seguridad del suministro a través de fuentes de energía locales, por ejemplo, para la generación de electricidad a pequeña escala en áreas no conectadas con la red nacional.

Los recientes desarrollos, como las subastas de energía renovable de 2019 y 2021, han atraído el interés de desarrolladores e inversionistas nacionales e internacionales, lo que indica la importante oportunidad de alcanzar las ambiciones de energía limpia con la participación del sector privado. Sin embargo, abrir la puerta al capital privado ampliado para financiar e invertir en el desarrollo de energía limpia requiere medidas específicas adicionales que aseguren una cartera sólida de proyectos financiables. Esto incluye un claro reflejo de la Contribución Determinada a Nivel Nacional (NDC) y las ambiciones de desarrollo sostenible en la política energética nacional, señalando en particular el papel esperado de la energía limpia, incluyendo vectores de bioenergía, con respecto al uso de combustibles fósiles en las estrategias de desarrollo a corto, mediano y largo plazo del país. De manera crítica, esto creará el entorno de políticas para que los desarrolladores de proyectos, las empresas y los inversionistas formulen sus propios planes estratégicos sobre las acciones a seguir.

Las señales de política también pueden afrontar más claramente los roles y oportunidades esperados para los proyectos de bioenergía, incluida la forma en que estos se vinculan con el logro de múltiples ambiciones nacionales, que van desde energía segura, confiable y asequible hasta una mejor gestión de desechos, productividad mejorada y bioecología realzada. Las lecciones extraídas de las experiencias con el uso y el crecimiento de la tecnología bioenergética en las industrias de caña de azúcar y aceite de palma pueden ayudar a diseñar las herramientas de política, las medidas regulatorias, los incentivos de mercado y el apoyo financiero apropiados para impulsar la adopción de estas tecnologías en otras aplicaciones.

Esto incluye oportunidades para el uso de bioenergía para la generación de electricidad, que además de proporcionar una capacidad de energía limpia local más segura y confiable, por ejemplo en zonas no interconectadas (ZNI), también puede ayudar a reducir el uso de combustibles fósiles en la generación de energía, a hacer frente al impacto creciente de los efectos climáticos en la formidable capacidad hidroeléctrica del país, y ayudar a cerrar la brecha para cumplir con la ambición del gobierno nacional de tener un 100% de acceso a la energía para el año 2030. La capacidad de bioenergía puede también respaldar un mayor despliegue de fuentes variables de electricidad renovable, como la solar y la eólica, desempeñando un papel importante en los mercados mayorista, de energía firme (confiabilidad) y en el mercado spot.

Sin embargo, estos valores deben reflejarse más claramente en la política del mercado energético, las regulaciones y el diseño del mercado eléctrico. Específicamente, los planes de generación de electricidad de la UPME no reflejan suficientemente el valor estratégico de las soluciones de bioenergía dada la gran dependencia de la cartera actual de adiciones de capacidad planificadas, que efectivamente beneficia a las tecnologías existentes sobre las nuevas y emergentes. Las reglas sobre el acceso al mercado de la electricidad (por ejemplo, para acuerdos de compra de energía (PPA) fuera del sitio con clientes no regulados) y las consecuencias de un mercado considerablemente integrado, que obliga a una alta dependencia de la voluntad de los minoristas de conectar proyectos de generación distribuida, también crean barreras críticas para las adiciones de capacidad de electricidad de bioenergía. Los estándares de la cartera de energía renovable, sin beneficio minorista para trabajar con autogeneradores, cogeneradores y consumidores no regulados, limitan igualmente las oportunidades para proyectos de bioenergía.

El entorno regulatorio para la gestión de desechos, que no fomenta suficientemente la clasificación, el tratamiento, el reciclaje, la reutilización y la recuperación de desechos, agrava aún más los desafíos para el desarrollo de la bioenergía. Si bien Colombia tiene un marco sólido para la recolección y disposición de desechos, las tarifas de los rellenos sanitarios son bastante bajas y a pesar de los llamados para reducir los flujos de desechos, no existe un marco legalmente vinculante para fomentar el desarrollo de alternativas a la disposición. La cantidad de actores, autoridades y regulaciones que tienen que ver con las oportunidades de conversión de desechos en energía también dificulta el desarrollo de dichas aplicaciones.

El acceso a la financiación es otra barrera clave para los proyectos de bioenergía. Si bien los flujos de financiamiento pueden estar mejorando, incluso notablemente para el desarrollo de energía renovable a gran escala, el costo de financiamiento para la bioenergía y otras tecnologías de energía limpia menos establecidas sigue siendo típicamente alto, lo que limita la cartera general de estos proyectos. La experiencia limitada con las tecnologías de bioenergía, la falta de familiaridad con su aplicación y la capacidad crediticia (o falta de historia crediticia) de los prestatarios más pequeños aumentan la percepción general de riesgo para los inversionistas. Incluso las aplicaciones más establecidas, como la cogeneración de bioenergía de caña de azúcar, a menudo dependen de las líneas de crédito corporativas existente, lo que puede aumentar el costo de financiamiento para las adiciones de capacidad.

Para abordar estos problemas, el gobierno de Colombia puede emprender una serie de acciones para mejorar las condiciones generales para el financiamiento y la inversión en bioenergía. Estas incluyen:

- Establecer metas claras para adiciones de capacidad de bioenergía y otras energías limpias dentro de los Planes de Expansión de Electricidad de Referencia de la UPME, que reflejen las prioridades de política nacional para la transición energética del país y el potencial técnico económico de estas tecnologías para cumplir con las ambiciones de política estratégicas de Colombia.
- Mejorar la coordinación institucional entre las autoridades pertinentes y las políticas relacionadas que influyen en las oportunidades para desarrollar la capacidad bioenergética. Dicha coordinación podría ser liderada por el DNP, o el gobierno podría considerar la creación de un grupo de trabajo específico o un organismo de coordinación para gestionar la política pública y económica intersectorial relacionada con el desarrollo de la bioenergía, como la Mesa Interinstitucional de Bioenergía en Ecuador.
- Fortalecer las oportunidades para proyectos de conversión de residuos en energía a través de una orientación política clara y señales, como tarifas de entrada más altas para los rellenos sanitarios y medidas más estrictas de responsabilidad extendida del productor, incluidos posibles requisitos obligatorios de fin de vida para los fabricantes y la industria. El MASD y el MME, en cooperación con otras autoridades como el Ministerio de Vivienda, Ciudad y Territorio, también pueden brindar apoyo a modelos comerciales innovadores para clasificar, tratar y recuperar desechos, incluso para la producción de energía.

- Asegurar un acceso justo y no discriminatorio a la red, revisando las prácticas actuales del mercado para resolver las barreras bajo las reformas de 2018 que aún limitan el desarrollo de oportunidades de bioenergía, por ejemplo, a través de contratos bilaterales para el abastecimiento corporativo de energías renovables. Como parte de esta revisión, CREG puede proporcionar una guía más clara y eventuales medidas regulatorias para permitir mejores acuerdos de transmisión de energía para facilitar los negocios (ya sean clientes regulados o no regulados) que buscarían adquirir producción de bioelectricidad fuera del sitio.
- Trabajar con partes interesadas nacionales como el Centro Nacional de Producción Más Limpia y Tecnologías Ambientales para crear conciencia y capacidad para el desarrollo de la bioenergía. Esto incluye involucrar a la industria familiarizada con las necesidades y las oportunidades del mercado para proyectos de bioenergía, como ha sido el caso con la asociación de productores de caña de azúcar, Asocaña. Grupos industriales similares, como el Fondo Nacional de Porcicultores, Porkcolombia, pueden ayudar a los actores del sector a navegar por las regulaciones y los procesos de aprobación y consecución de permisos del proyecto, mientras ayudan a identificar formas de simplificar los procedimientos para reducir los costos administrativos y los plazos para el desarrollo de biogás.
- Evaluar oportunidades para implementar esquemas financieros específicos para aumentar los flujos de capital a proyectos de bioenergía, incluido el desarrollo de herramientas como garantías, facilidades de crédito verde y préstamos concesionales que permitan una financiación más atractiva y disminuyan los riesgos percibidos por los inversionistas. Estos mecanismos de apoyo y facilitadores de transacciones pueden diseñarse dentro de los fondos y facilidades existentes, como Findeter y FENOGE, y/o en asociación con fondos internacionales o financiamiento climático (por ejemplo, a través de financiamiento combinado) para maximizar el uso de fondos públicos de una manera que catalice el financiamiento privado en el desarrollo de la bioenergía.
- Buscar reformas continuas del mercado con más políticas y acciones regulatorias como la estandarización de la documentación del proyecto para ayudar a diversificar los productos financieros y desarrollar instrumentos de mercado como bonos verdes que puedan atraer capital para proyectos de energía limpia a las escalas necesarias. Esto incluye cooperación entre las autoridades relevantes, como el MME y el Ministerio de Hacienda y Crédito Público, para llevar a cabo capacitación y desarrollo de capacidades que familiaricen a los actores del mercado con los aspectos institucionales y operacionales de proyectos de bioenergía y otros proyectos de energía limpia.

Adicionalmente, el MME puede trabajar con socios clave como la UPME para mejorar la información sobre el caso comercial y las oportunidades de mercado para el desarrollo de la bioenergía. Esto podría incluir desarrollo de un proyecto de bioenergía o de una base de datos de mapeo, similar a la Infraestructura de Mapeo de Energía Renovable de Australia[1] y el Geoportal One Map[2] de Indonesia, para proporcionar datos e información sobre el potencial de recursos de bioenergía con respecto a la capacidad de transmisión y distribución existente y planificada. Esto podría incluir otra información dinámica, como perfiles de demanda de electricidad y precios locales de electricidad y energía y podrían vincularse a la promoción de inversiones en el portal de ProColombia.

Dado que las tecnologías de bioenergía pueden batallar para competir con el costo decreciente de los proyectos solares y eólicos, el MME y la CREG también pueden considerar medidas específicas para apoyar el desarrollo del mercado de bioenergía durante la próxima década en línea con el potencial técnico y las prioridades políticas destacadas en las estrategias de Crecimiento Verde, Economía Circular y Bioeconomía. Dichas medidas pueden incluir la adquisición especifica de adiciones de capacidad de bioenergía fuera de futuras subastas de energía renovable, así como características de diseño dentro de las subastas para respaldar la participación de soluciones de bioenergía. Esto podría ser a través de un apoyo personalizado, como garantías gubernamentales de ciertos tipos de proyectos de bioenergía para hacer frente a las barreras a la participación como las garantías de cumplimiento y las garantías de inicio de obra requeridas. El diseño de subastas futuras también podría incluir precios que incorporen elementos como un componente de ubicación, que se ha utilizado en México para ayudar a seleccionar proyectos sobre otros menos costosos si tuvieran más valor para el sistema.

Otro tipo de apoyo específico, como el diseño de posibles modelos de APP para proyectos de bioenergía, fomentará igualmente una mayor aportación de capital privado para el desarrollo de tecnología de bioenergía, al mismo tiempo que aumenta los recursos públicos. Estas estructuras de APP podrían centrarse inicialmente en tecnologías de bioenergía que tengan un amplio potencial en toda la economía o diseñarse estratégicamente para atraer capital a proyectos de bioenergía de interés estratégico, por ejemplo, en ZNI.

Por último, el apoyo público puede dirigirse a nuevas aplicaciones de bioenergía, tecnologías y modelos de negocio a través de incubadoras de energía limpia y otros esquemas de apoyo a la innovación. Estos pueden ayudar a desarrollar soluciones de bioenergía y modelos de mercado adecuados para el contexto colombiano, al tiempo que permiten una mayor experiencia nacional en el desarrollo de capacidades de bioenergía y aumentan la productividad en sectores económicos importantes como la industria y la agricultura.

Notas

[1] Para más información, véase: https://arena.gov.au/projects/aremi-project/.

[2] Para más información, véase: https://geoportal.esdm.go.id/monaresia/home/.

Anexo A. Experiencias globales con el desarrollo de bioenergía

Las soluciones de bioenergía, incluidas las aplicaciones de conversión de desechos a energía, conforman un panorama diverso de tecnologías y materias primas que pueden emplearse para generación de calor y energía, entre otros usos como los biocombustibles para el transporte. En Colombia, abundantes residuos de la ganadería y la agricultura al igual que de los desechos municipales e industriales, puede utilizarse para satisfacer las ambiciones de energía limpia del país, junto con otros objetivos socioeconómicos y ambientales como reducir las emisiones y limitar los desechos que van a los rellenos sanitarios. Las soluciones de bioenergía, como el uso actual de residuos para la generación de energía en las industrias de caña de azúcar y palma de Colombia, pueden abordar la fuerte dependencia en combustibles fósiles y la creciente dependencia en importaciones de energía del país. Al aprovechar los desechos disponibles a nivel local se puede igualmente apoyar las ambiciones de proporcionar una energía limpia, confiable y asequible, por ejemplo en zonas no conectadas a la red nacional. Sin embargo, desbloquear oportunidades para esas soluciones requerirá una acción coordinada para crear el entorno propicio para la financiación y la inversión en bioenergía.

Los siguientes estudios de casos consideran la práctica internacional en el apoyo al desarrollo de mercados emergentes de bioenergía y de conversión de residuos en energía. En particular, estos ejemplos evalúan las consideraciones de política y los mecanismos de apoyo que ayudaron a crear un entorno propicio para la financiación y la inversión en esos proyectos, tanto de fuentes nacionales como internacionales. Las lecciones aprendidas de estas experiencias en Brasil, Chile, India, Turquía e incluso a nivel nacional en Colombia arrojan luz sobre las diferentes medidas políticas y buenas prácticas que se pueden aplicar en Colombia para aumentar la financiación y la inversión en aplicaciones de bioenergía

Brasil: de desechos a energía en la industria del cemento

La producción de cemento es una de las industrias con mayor consumo energético del mundo, debido a la trituración, molienda y mezcla de materias primas que se requiere (principalmente piedra caliza y arcilla) que se queman a altas temperaturas (cerca de 1.450 grados centígrados) en un horno con el fin de producir Clinker, que luego se muele con yeso para producir el producto final de cemento. Los combustibles fósiles, incluido en particular el coque de petróleo (petcoke), son en consecuencia un insumo importante en la fabricación de cemento y la cantidad promedio de toneladas de CO_2 liberadas por tonelada de cemento producido ha seguido aumentando a nivel mundial durante la última década (IEA, 2021[1]).

Dado el alto consumo de calor y la intensidad energética (por ejemplo, para la molienda) del proceso de producción de cemento, los gastos relacionados con la energía pueden representar hasta un 30-40% de los costos operativos de las empresas cementeras (IFC, 2017[2]). Posteriormente, la industria cementera mundial comenzó a buscar sustitutos de los combustibles fósiles desde la década de los 70 para reducir los costos directos y mejorar la competitividad económica. Desde entonces, se ha prestado igualmente mayor atención al impacto ambiental de la producción de cemento y el encontrar soluciones de combustibles alternativos económicamente viables, sin reducir la calidad del cemento, se ha convertido en una estrategia central para mitigar la huella de carbono del sector.

En Brasil, la industria del cemento tiene una de las intensidades de CO_2 más bajas del mundo, gracias a una serie de acciones que el sector ha tomado desde la década de los 90, incluyendo, por ejemplo, medidas de eficiencia energética y sustitución clinker. Si bien la producción total de cemento en el país creció casi un 275% entre 1990 y 2014, la intensidad de las emisiones del sector cayó un 18% durante el período, de 700 a 564 kilogramos de CO_2 por tonelada (SNIC, 2019[3]). Esta reducción se debió en parte al uso de combustibles alternativos, que comenzaron a crecer considerablemente a principios de la década de los 2000 debido a las preocupaciones sobre las fluctuaciones en los precios del coque de petróleo. Para el año 2014, el 14% de la energía utilizada para la fabricación de cemento en el país era a través del coprocesamiento con combustibles alternativos y esta proporción ha seguido creciendo, alcanzando alrededor del 30% en 2020 (ABCP, 2021[4]).

Uso de combustible alternativo para la producción de cemento en Brasil

El coprocesamiento en el sector cementero del país comenzó a principios de la década de los 90 cuando Votorantim Cimentos, el mayor productor de cemento de Brasil, completó su primera demostración de insumos de combustibles alternativos empleando desechos industriales en una de sus plantas en Paraná, en el sur del país. Desde entonces, los combustibles alternativos como los neumáticos, los residuos agrícolas (por ejemplo, cascarilla de arroz y semillas de açai) y los desechos industriales se han vuelto más comunes para el coprocesamiento en la industria cementera. Por ejemplo, 14 de las plantas de Votorantim en Brasil coprocesan desechos para sustituir parte del coque de petróleo que se usa en los hornos con combustibles alternativos (Cemnet, 2020[5]).

Se puede utilizar una amplia variedad de combustibles alternativos para el coprocesamiento en las plantas de cemento, desde biomasa y desechos municipales, hasta lodos, llantas e incluso desechos industriales peligrosos, como solventes gastados y aceite usado. El tipo de combustible alternativo determina su valor de sustitución térmica y puede ser necesario un pretratamiento con algún combustible derivado de residuos (RDF) para eliminar elementos indeseados, aumentar el poder calorífico y/o convertir el combustible de entrada en formas compatibles con el horno de cemento.

Las llantas y los desechos industriales peligrosos son los combustibles alternativos más comunes utilizados para el coprocesamiento de cemento en Brasil, en parte debido a sus valores caloríficos y su disponibilidad. También se utilizan otros sustitutos como la biomasa y los residuos agrícolas, aunque tienen un poder calorífico inferior y son utilizados por otras industrias (por ejemplo, bio-refinerias). La disponibilidad y el costo de los combustibles alternativos influyen naturalmente en su atractivo potencial para el coprocesamiento en la producción de cemento, donde la suficiente calidad, densidad y previsibilidad del suministro de combustibles CDR (Combustibles derivados de residuos) por debajo de los precios del coque de petróleo han jugado un papel importante en la justificación de las inversiones (por ejemplo, para la capacidad de procesamiento y tratamiento). En términos generales, las empresas cementeras de Brasil generalmente han buscado sustituir el coque de petróleo con inversiones que tienen una recuperación de menos de tres a cinco años (ABCP, 2021[4]).

Una serie de factores adicionales han influido en el sector del cemento del país. Por ejemplo, las regulaciones nacionales que evitan que las llantas vayan a los rellenos sanitarios desempeñaron un papel fundamental en el impulso del uso de CDR. Específicamente, las regulaciones establecidas en 1999, luego actualizadas bajo la Resolución 416 de 2009 del Consejo Nacional del Medio Ambiente (Conselho Nacional do Meio Ambiente, CONAMA), requerían que los fabricantes e importadores recolectaran y desecharan las llantas viejas por cada una nueva producida. En consecuencia, la Asociación Nacional de la Industria de Llantas (Associação Nacional da Indústria de Pneumáticos) trabajó para establecer servicios de recolección y disposición final de llantas de desecho (da Silva, Chaves S. G. Francisco and Lopes, 2017[6]). Esto llevó a la creación de más de 1.500 puntos de recolección en todo el país, que respaldaron el desarrollo de procesos de recuperación de desechos y energía, como la granulación de llantas y el coprocesamiento en la producción de cemento.

La sostenibilidad ambiental también ha jugado un papel en el coprocesamiento en el sector de cemento. Ya en el año 1999, Votorantim se unió a las otras nueve cementeras más grandes del mundo para crear la Iniciativa de Sostenibilidad de Cemento,[1] que fijó metas para mitigar el impacto ambiental del sector. En el 2019, el Sindicato Nacional de la Industria Cementera de Brasil (Sindicato Nacional da Indústria do Cimento, SNIC) y la Asociación de Cemento Portland de Brasil (Associação Brasileira de Cimento Portland, ABCP) lanzaron una *Hoja de Ruta de Tecnología de Cemento* con la Iniciativa, la Agencia Internacional de Energía y la Corporación Financiera Internacional (SNIC, 2019[3]). Esto estableció nuevas ambiciones para reducir las emisiones específicas de CO_2 de la producción de cemento en el país en otro 14% sobre los niveles de 2014 para el 2030, aumentando ese objetivo a reducciones del 30% para 2050. Para lograr esas ambiciones, la Hoja de Ruta señaló el papel del aumento de uso de combustible alternativo en línea con la Política Nacional de Residuos Sólidos (Política Nacional de Residuos Sólidos, PNRS), estableciendo metas para alcanzar una sustitución térmica del 35% en la producción de cemento para 2030 y del 55% para 2050.

La Política Nacional de Residuos Sólidos (PNRS) fue lanzada en el 2010 por el gobierno federal bajo la Ley No. 12.305,[2] que instituyó la regulación nacional sobre la reducción, reutilización, reciclaje, tratamiento y disposición adecuada de los desechos sólidos. La aplicación de esta ley ha sido más desafiante en comparación con la industria de las llantas (que es un grupo más pequeño de actores) pero aun así, ofrece la oportunidad de un mayor coprocesamiento, dados los aproximadamente 79 millones de toneladas de desechos urbanos generados anualmente en Brasil (Souza, 2019[7]). De hecho, en 2018 se probó una primera demostración para el coprocesamiento de RSU (residuos sólidos urbanos) para obtener licencia en la planta de Salto de Pirapora de Votorantim en Sao Paolo en 2018. Los mejoramientos de la planta, incluyendo modernización de equipo y adaptación para coprocesamiento costaron aproximadamente unos 9 millones de dólares (47 millones de reales) entre 2016 y 2019, y la planta recibió una licencia ambiental permanente para utilizar RSU en el 2019 después de haber probado con éxito con casi 18 mil toneladas de RSU, lo que resultó en una sustitución del 5.3% de coque de petróleo (Votorantim, 2019[8]). De cara al futuro, Votorantim está planeando otra inversión de otros USD 32 millones de dólares (167 millones de reales) para que la planta procese hasta 65 mil toneladas al año de RSU. Otras 4 plantas de Votorantim están igualmente agregando capacidad para transformar colectivamente alrededor de 130 mil toneladas de RSU en energía para la producción de cemento.

Bajo la Hoja de Ruta de SNIC, la industria cementera estableció también un objetivo voluntario para aumentar el uso de coprocesamiento de RSU de casi nada en 2019 a casi el 10% del suministro de combustible para 2030, lo que representa alrededor de 2.5 millones de toneladas de CDR para el sector (SNIC, 2019[3]). Esta iniciativa ha sido jalonada por consideraciones de la industria para aprovechar el gran potencial de los RSU como una solución rentable más allá de las llantas y los desechos industriales. Si bien el margen financiero con respecto al costo de los RSU y el contenido de energía es probablemente menor que con las llantas y los desechos industriales peligrosos, los fabricantes de cemento consideran, no obstante, que existe un valor a largo plazo en el cumplimiento de los objetivos de sustentabilidad y la capacidad general para manejar las fluctuaciones en los precios del coque de petróleo.

Para lograr estas ambiciones, será fundamental garantizar el suministro costo efectivo y el procesamiento de RSU para el coprocesamiento de cemento. Al igual que en muchos otros países, los RSU en Brasil no solo son un desafío ambiental, sino también, a menudo, un problema de gestión de residuos. Actualmente, alrededor del 45% de los desechos municipales se envían a rellenos sanitarios sin cargos asociados, y hasta el 41% de los RSU no se envían a vertederos apropiados (Gutberlet, Bramryd and Johansson, 2020[9]). Por lo tanto, si bien los desechos urbanos son una oportunidad de RDF para la producción de cemento, el costo aún puede ser un problema (ya que es más barato o no cuesta enviarlo a vertedero), y puede haber pocos incentivos para manejar los RSU para usos alternativos.

La experiencia previa de RDF con el coprocesamiento de llantas (donde aproximadamente la mitad de los desechos de llantas o 60 millones de toneladas al año, se destinan ahora a la industria cementera) está ayudando en el desarrollo de un mercado de RSU para la producción de cemento. Por ejemplo, cuatro empresas que se asociaron construyeron una nueva planta de pretratamiento para garantizar un suministro suficiente y de calidad de RDF. En el 2019 también se desarrolló una nueva planta de pretratamiento de RSU, Ecoparque Pernambuco, para abastecer a la planta de cemento de LafargeHolcim ubicada en Caaporã en el noreste de Brasil. ABCP también se ha reunido con fabricantes de cemento en siete regiones, que representan aproximadamente la mitad de la capacidad actual de coprocesamiento (1.2 millones de toneladas) con el fin de tratar de desarrollar un proyecto de clúster para RSU.

El objetivo de estos esfuerzos es promover la cooperación con gobiernos locales con el fin de construir una tubería para el uso de RSU en las industrias locales de cemento. La ABCP y sus miembros de la industria están trabajando con el Ministerio del Medio Ambiente en esta medida para crear una asociación con los dos principales grupos de residuos en Brasil y aumentar las potenciales sinergias. Votorantim Cimentos también lanzó su propia filial, Verdera, en 2019 para prestar servicios de manejo de residuos en todo el país. Esta empresa es parte de una estrategia de transformación general para Votorantim, pero también se basa en la oportunidad de complementar las principales actividades de producción de cemento de la empresa y aumentar la capacidad de coprocesamiento a través de la gestión de desechos.

Medidas de política para permitir el coprocesamiento en la producción de cemento

Si bien el coprocesamiento de cemento en Brasil ha sido impulsado en gran medida por la iniciativa de la industria, también ha sido respaldado por un marco de políticas que crean las condiciones subyacentes que permiten el uso de RDF. Es importante destacar que la Resolución de CONAMA 264/1999[3] definió y aprobó la incineración de residuos en los hornos de cemento. La regulación adicional bajo la Resolución CONAMA 316 of 2002[4] abordó el tratamiento térmico de la incineración de desechos con límites de emisión de dioxinas y furanos en el coprocesamiento.

El PNRS de 2010 también impulsó el coprocesamiento, señalando la intención del gobierno de acabar con los rellenos sanitarios irregulares y los vertimientos ilegales, al mismo tiempo que establece una jerarquía legal para la gestión de residuos. Si bien la implementación del PNRS enfrentó una serie de desafíos, incluida, en particular, la aplicación de las normas locales y federales de eliminación de desechos, el gobierno federal ha trabajado para mejorar esta situación y aprobó un nuevo Marco de Saneamiento Básico bajo la Ley federal No. 14.026 of 2020.[5] Además de una serie de reformas importantes (por ejemplo sobre la concesión pública de servicios de agua y saneamiento), la Ley permite que los municipios comiencen a cobrar un impuesto por los servicios de gestión de residuos. También requiere que los estados definan sus programas de gestión de residuos municipales. Las medidas adicionales incluyeron planes para una subasta de energía eléctrica de RSU para mejorar la viabilidad económica de la gestión alternativa de residuos y el gobierno también ha facilitado alrededor de USD 20 millones para apoyar a los municipios con el fin de encontrar soluciones para una mejor gestión de residuos, incluido el coprocesamiento industrial. (Government of Brazil, 2021[10]).

Adicionalmente, la Resolución 499 de 2020[6] remplazó y actualizó el reglamento de coprocesamiento de 1999 con procedimientos más claros para la autorización de la quema de residuos en hornos rotatorios. Esta actualización se basó en la normativa europea, en particular sobre los parámetros de emisiones y los límites de concentración de contaminantes orgánicos persistentes en la composición de los residuos. Ahora está siendo implementado por estados individuales, que tienen autonomía para crear sus propias regulaciones al mismo nivel o mejor que los requisitos federales. Un ejemplo de ello es São Paulo, cuya regulación para las estaciones de mezcla no permite ciertos tipos de desechos (por ejemplo madera que tenga compuestos orgánicos halogenados) que están permitidos (o no están explícitamente excluidos) en otros lugares. São Paulo igualmente tiene una regulación específica sobre el tratamiento térmico de RSU, con lineamientos específicos sobre licencias, condiciones operativas, límites de emisiones y criterios de monitoreo. En otros casos, los estados tienen valores caloríficos mínimos específicos para combustibles alternativos en el coprocesamiento. Por ejemplo, el estado de Minas Gerais, en el sureste de Brasil, menciona específicamente "residuos domésticos tratados" con un poder calorífico inferior mínimo de al menos 6.3 giga julios por tonelada (Lima Cortez and Goldemberg, 2016[11]).

En algunos casis, este tipo de lineamientos estatales pueden alentar el coprocesamiento de RSU y otros RDF, pero la heterogeneidad de las políticas, y específicamente las regulaciones estatales que prohíben o complican el coprocesamiento de ciertos desechos permitidos en otras áreas, se destacó en la Hoja de Ruta del SNIC como un desafío importante para una mayor implementación del uso de combustibles alternativos en la industria cementera del país. Los combustibles alternativos se destacaron igualmente como uno de los tres pilares fundamentales (junto con la eficiencia energética y la sustitución del clinker) para descarbonizar el uso de energía en el sector cementero y la Hoja de Ruta destacó recomendaciones para permitir el avance de las soluciones de coprocesamiento. Esto incluía la sugerencia de establecer procedimientos estandarizados a lo largo de la cadena de gestión de desechos con el fin de documentar, monitorear y rastrear los desechos. Esto podría basarse en la emisión actual de "certificados de destrucción térmica" para ciertos tipos de residuos según lo regulado por la Resolución CONAMA 316 de 2002. La Hoja de Ruta también recomendó ampliar las regulaciones estatales existentes para el coprocesamiento de RSU con el fin de establecer estándares para el tratamiento de desechos sólidos urbanos y la recuperación de la energía.

SNIC, ABCP y otros están ahora trabajando con autoridades nacionales y regionales, incluyendo el Ministerio de Medio Ambiente, para impulsar esas recomendaciones y mejorar el argumento comercial para el uso de combustibles alternativos en la industria cementera de Brasil. Se firmó en el año 2020 un acuerdo técnico y el primer resultado fue un atlas ("Atlas de Recuperação Energética") que muestra el estado actual de la recuperación de energía, incluido el potencial para el futuro.

Lecciones aprendidas e implicaciones para el contexto colombiano

La experiencia con el coprocesamiento en el sector del cemento de Brasil señala que el éxito del uso de combustible alternativo en la industria depende de varios factores importantes. Esto incluye un marco normativo bien definido para el uso de RDF, así como un proceso de gestión eficaz y confiable para asegurar un suministro de residuos económicamente viable. Por ejemplo, los mandatos de los fabricantes para la recuperación y disposición de productos fueron fundamentales para la adopción temprana del coprocesamiento de cemento con llantas. Las pautas de política y las definiciones legales sobre el uso de residuos en los hornos de cemento también desempeñaron un papel vital para permitir la inversión de la industria , mientras que medidas como las reformas de política del gobierno de 2020 ayudaron a facilitar el otorgamiento de licencias y la participación de la industria. Los esfuerzos más recientes para expandir el coprocesamiento hacía los RSU corroboran esta yuxtaposición crítica de la política de gestión de residuos con la regulación de la industria. Sin mecanismos para establecer un suministro confiable de RSU con reglas operativas consistentes para los fabricantes, hay pocos incentivos para realizar inversiones a largo plazo para el uso de combustibles alternativos.

Colombia puede aprender de las experiencias de Brasil para promover oportunidades similares para el coprocesamiento de la industria a través de soluciones de conversión de residuos en energía. El coprocesamiento puede ser reconocido como una alternativa sostenible bajo la Resolución MADS 909 de 2008, pero el uso de RDF fuera de las industrias de azúcar y palma de Colombia sigue siendo limitado. Esto se debe en parte a problemas de gestión y suministro de desechos, donde las bajas tarifas de recolección y la falta de clasificación y tratamiento no facilitan el desarrollo de la capacidad de coprocesamiento. Los esfuerzos para resolver estos problemas, como el impuesto recientemente anunciado a los rellenos sanitarios, ayudarán a hacer frente a estas barreras, aunque el MME y otras autoridades relevantes deben identificar donde un apoyo de políticas más específico permitirá la iniciativa de la industria. Por ejemplo, la empresa cementera Argos instaló capacidad de coprocesamiento utilizando llantas como RDF en su planta de Cartagena, utilizando más de 75 mil toneladas de desechos como combustible alternativo en 2018 (Stewardson, 2019[12]). Esta experiencia puede proporcionar información útil para el desarrollo de instalaciones similares en otros sitios de la industria, destacando donde la acción política puede aumentar la oportunidad y el caso comercial para el coprocesamiento.

Una de esas acciones puede ser fomentar una cadena de suministro temprana y clara de desechos disponibles con un buen valor de sustitución térmica, por ejemplo exigiendo requisitos de responsabilidad extendida del productor para los fabricantes de llantas, como se hizo en Brasil. Las lecciones del sector del cemento de Brasil y los esfuerzos en curso para expandir el uso de RDF a los RSU enfatizan esta necesidad de una política adecuada de gestión de residuos y tarifas de disposición para asegurar unos sustitutos de combustible rentables para el coque de petróleo. Las preocupaciones de la industria por el impacto ambiental, la imagen del consumidor y la descarbonización a largo plazo pueden ser factores que influyan en las oportunidades de coprocesamiento, pero en términos generales, estas consideraciones aún requieren un caso comercial claro para el uso de RDF (por ejemplo, quien pagará el pretratamiento de los residuos). Esto se ve enfatizado por la baja aceptación de RDF en el sector cementero de Colombia, que al igual que Brasil está preocupado por las fluctuaciones de los precios del coque de petróleo, pero aún no ha buscado activamente oportunidades de conversión de residuos en energía

Se puede sacar igualmente una lección del impacto del diálogo y la coordinación entre la industria y el gobierno. Brasil se ha beneficiado del liderazgo de SNIC y ABCP, quienes han apoyado la coordinación entre las partes interesadas en asuntos relacionados con el coprocesamiento. Es importante destacar que estas asociaciones brindan un foro para que los fabricantes de cemento interactúen con el gobierno poniendo en relieve experiencias y problemas, así como acciones para aumentar el uso de combustibles alternativos. Estas consideraciones pueden incorporarse al contexto colombiano, por ejemplo, a través de diálogos con la Federación Interamericana del Cemento y la Cámara Colombiana del Cemento y del Concreto, Procemco.

La experiencia de Brasil destaca que trabajar con esas partes interesadas (incluidos actores como administradores de rellenos sanitarios, empresas de reciclaje y autoridades municipales) ayuda a habilitar el entorno propicio para el uso de combustibles alternativos en la industria. Las empresas individuales pueden ser capaces de crear un coprocesamiento de "bolsillo" (es decir, ejemplos locales de capacidad de oferta y demanda), pero para lograr una alta proporción de uso de RDF se requiere una fuerte coordinación de los actores y las políticas que influyen en la cadena general de conversión de residuos en energía. Por ejemplo, las variaciones entre los estados de Brasil en las pautas y definiciones sobre lo que se puede usar en los hornos de cemento pone en relieve la necesidad de que las políticas nacionales y subnacionales estén lo suficientemente armonizadas para permitir que las empresas cementeras amplíen las instalaciones de coprocesamiento en todos los sitios donde estén ubicadas.

Por último, se pueden extraer ideas del desarrollo de la Hoja de Ruta de SNIC, que ha ayudado a proporcionar objetivos claros para la sustitución térmica en la producción cementera en Brasil durante la próxima década y más allá. El desarrollo de una hoja de ruta similar en Colombia, por ejemplo con Procemco, puede ayudar a crear consenso y una visión clara de cómo la industria puede aumentar la capacidad para los RDF sustitutos. El proceso de desarrollo de la hoja de ruta también facilitaría y alentaría las discusiones entre los actores gubernamentales y de la industria sobre las vías para reducir la dependencia de la industria en los combustibles fósiles al tiempo que identifica las señales de política y las condiciones de mercado apropiadas para permitir la inversión a largo plazo en el uso de combustibles alternativos.

Chile: colaboración internacional para una mejor gestión de desechos

En 2015, Chile presentó su NDC[7] bajo el Acuerdo de Paris, enfocando la gestión de residuos como un sector prioritario para el país. Los hogares en Chile generan alrededor de 8.1 millones de toneladas de desechos cada año, y casi el 60% son desechos orgánicos como frutas, vegetales y podas de jardines (Ministerio del Medio Ambiente, 2020[13]). Solo el 1% de estos residuos se recicla, mientras que el resto se envía a rellenos sanitarios donde se descompone y libera gases de efecto invernadero como el metano. En general, los rellenos sanitarios de Chile emiten más de 4 millones de toneladas métricas de emisiones cada año, además de su amplio impacto ambiental (Arcadis, 2021[14]).

En respuesta, el gobierno se embarcó en una cooperación bilateral con Medio Ambiente y Cambio Climático de Canadá en 2017 para identificar soluciones que acelerarían las acciones para reducir la cantidad de desechos orgánicos que van a los rellenos sanitarios. El programa, llamado Reciclo Orgánicos[8] (reciclaje orgánico) tenía como objetivo aprovechar la sólida experiencia ambiental y regulatoria de Canadá en la gestión de desechos para diseñar una estrategia sostenible para los desechos orgánicos en Chile a través de cuatro mandatos básicos para apoyar: despliegue de tecnología, medición, reporte y verificación (MRV); apalancamiento de capital y cofinanciación; y participación de la comunidad.

Uno de los principales resultados del programa fue el desarrollo de una Estrategia Nacional de Residuos Orgánicos, ENRO, que Chile lanzó en marzo de 2021 como parte de su actualización de su NDC. ENRO estableció un objetivo ambicioso para aumentar la recuperación de desechos municipales del 1% al 30% de desechos orgánicos para el año 2030, y lograr un 66% de reciclaje para 2040 (CCAC, 2021[15]). A través de enfoques de reciclaje y de gestión de residuos (por ejemplo compostaje y biodigestión), la Estrategia tiene como objetivo reducir las emisiones de residuos orgánicos hasta en un 70% para 2040.

El programa Reciclo Orgánicos

Reciclo Orgánicos fue financiado bajo el compromiso financiero de financiamiento climático de Canadá por USD 2.650 millones para ayudar a los países en su transición hacía economías resilientes y bajas en carbono (Government of Canada, 2021[16]). Los principales objetivos del programa eran promover la reducción de emisiones de metano en el sector de residuos a través de compostaje, biodigestión y la captura de gases de los rellenos sanitarios.

ImplementaSur, una firma de consultoría en Chile enfocada en temas de cambio climático, fue contratada para apoyar el desarrollo de Reciclo Orgánicos, cuyo financiamiento de USD 7 millones se extiende desde 2017 hasta 2022. Específicamente, el financiamiento apoyó el trabajo con el Ministerio de Medio Ambiente de Chile para desarrollar ENRO también como asistencia técnica para apoyar a los municipios y a las partes interesadas del sector privado en la preparación de proyecto (por ejemplo, apoyo en la selección del sitio, consecución de permisos, ingeniería de proyectos y financiamiento). El programa también ha cofinanciado algunos de estos proyectos y su apoyo adicionalmente ha facilitado la creación de una cartera de iniciativas de gestión de residuos en todo el país.

Un ejemplo de ello es un proyecto de conversión de residuos en energía (biogás) propiedad de la empresa de biogás BioE. El proyecto utiliza residuos orgánicos de un viñedo de San Pedro, y BioE instaló una planta de pretratamiento que puede recibir diferentes tipos de residuos de los agricultores y de la industria local de la región (por ejemplo, granjas de salmón) para producir cogeneración de electricidad y calor. El programa Reciclo Orgánicos le brindó apoyo a BioE proporcionando cofinanciamiento para el mejoramiento de la planta y para ayudar en la tecnología blockchain para un sistema MRV. El proyecto ya está operando y vende calor al viñedo, que tiene un acuerdo contractual a un precio acordado por el calor a cambio de sus residuos orgánicos. BioE también recibe una tarifa por otros desechos recibidos, donde la tarifa de disposición cobrada depende del tipo de desecho (por ejemplo, se utilizan tarifas más bajas para los desechos con mayor contenido de energía). La electricidad generada se vende también a la red. En total, la inversión del proyecto fue de alrededor de USD 5 millones por 1 MW de capacidad inicial de generación, la cual está en proceso de ser ampliada a 2 MW.

Otro ejemplo del programa Reciclo Orgánicos es un proyecto en construcción realizado por un vertedero en Osorno, en el sur de Chile. Se está construyendo una planta de tratamiento que entrará en operación en 2022. Esta planta desviará los residuos orgánicos (principalmente residuos animales de la ganadería lechera y de las plantas de beneficio) del vertedero para utilizar en un digestor anaeróbico. El desarrollo del proyecto fue impulsado en parte por los llamados a soluciones de economía circular con algunas de las empresas locales, que establecieron objetivos de cero residuos a rellenos sanitarios para 2030. El proyecto ayudará a capturar por lo menos la mitad del total de residuos que se llevan actualmente a los vertederos y eventualmente, el 100% de esa cantidad podría utilizarse para la producción de energía mediante biodigestión. El productor, Ecoprial, cobrará a las empresas locales en lugar de las tarifas de disposición, donde las empresas ya pagaban montos relativamente altos por el tratamiento de sus desechos. La electricidad resultante se venderá a la red, y aunque actualmente no hay ningún plan para vender el exceso de calor del proyecto, esta es una posibilidad futura (por ejemplo a las industrias lácteas locales).

Reciclo Orgánicos también apoyó a Bioenergía Los Pinos[9] en la expansión de su capacidad de producción de biogás y capacidad de generación de energía utilizando las emisiones de metano del Centro de Manejo de Residuos Concepción en la región Biobío. El proyecto, que espera que reduzca las emisiones en alrededor de 2.3 millones de toneladas de CO_2-equivalente entre 2020 y 2040, agregó sistemas de limpieza y acondicionamiento a las instalaciones existentes as igual que cuatro nuevas unidades de generación de energía que aumentaron la capacidad de generación previamente instalada de 2.8 MW a 9 MW. Varias fases de expansión representaron alrededor de USD 15 millones en inversión total (Parra, 2018[17]), donde Reciclo Orgánicos brindó cofinanciamiento en la última expansión, que tuvo un gasto de capital de USD 6.4 millones.

Adicionalmente, alrededor de 20 proyectos municipales han recibido apoyo del programa Reciclo Orgánicos desde 2017. Tres estarán completamente implementados para 2022 (la implementación se extendió un año debido a la pandemia de COVID-19), y los proyectos restantes continuarán desarrollándose con el apoyo del Ministerio del Medio Ambiente de Chile. El apoyo del programa depende de las necesidades específicas de cada proyecto y puede incluir, por ejemplo, la identificación del sitio correcto, la obtención de permisos o el desarrollo de la ingeniería de detalle para la implementación de plantas de compostaje. En este proceso, el programa Reciclo Orgánicos trabaja con socios, incluidos los gobiernos locales, para desarrollar demostraciones únicas en su tipo, como programas de compostaje para este mercado.

Un entorno de políticas propicias para el desarrollo del mercado

El programa Reciclo Orgánicos fue diseñado para generar reducción en las emisiones de metano en Chile, pero no explícitamente para el desarrollo de energía limpia. Al mismo tiempo, las ambiciones del programa requerían la consideración de medidas de políticas y soluciones tecnológicas que pudieran desviar la materia orgánica de los rellenos sanitarios, incluyendo en particular, formas de apalancar el compromiso del sector privado para una implementación a mayor escala.

La conversión de residuos en energía ofrece soluciones atractivas para ayudar a lograr las ambiciones de reducción de emisiones de Chile, además de oportunidades para aumentar la inversión en energía limpia en el país. Para habilitar esas posibles soluciones, Reciclo Orgánicos necesitaba analizar cuestiones de política más amplias para abordar el desarrollo del mercado más allá de la simple gestión de residuos. Por ejemplo, una serie de instrumentos de política han apoyado previamente el crecimiento de las tecnologías de energía renovable en Chile, pero los incentivos no han sido necesariamente efectivos para el sector de residuos (por ejemplo, en comparación con la generación de energía solar). De hecho, a medida que las crecientes incorporaciones de capacidad solar y eólica redujeron el costo promedio de la producción de electricidad, el modelo comercial para los proyectos de conversión de residuos en energía se volvió más desafiante.

Parte de este desafío fue la falta de tarifas fijas para verter los desechos. Estas fueron establecidas por el mercado, que anteriormente carecía de señales sobre estrategias de políticas a largo plazo y obligaciones para la gestión de desechos. En consecuencia, ENRO ayudó a resolver el problema al establecer objetivos claros sobre la reducción de disposición en rellenos sanitarios, indicando a las empresas que necesitaban encontrar nuevas formas de manejar sus desechos. Las decisiones, naturalmente dependen de una serie de consideraciones corporativas, pero un elemento crítico del marco de gestión de residuos de Chile es ahora una alternativa de política legal al envío de residuos a rellenos sanitarios. El desarrollo de la regulación sobre la quema de metano de los vertederos, que antes no se reconocía claramente, es otra medida de política crítica que se está revisando.

El programa Reciclo Orgánicos también ayudó a establecer un marco para reportes consistentes de la gestión de residuos. La cooperación entre los gobiernos de Canadá y Chile incluyeron el desarrollo de una versión adaptada de los protocolos para la contabilización y la verificación de la reducción de emisiones en la gestión de desechos de Quebec al contexto chileno. Esto ayudará a garantizar que el sector de desechos se gestione adecuadamente y que se hayan implementado herramientas digitales, como la innovadora tecnología blockchain, como parte de la estrategia MRV del programa. Además de permitir el monitoreo y registro en tiempo real de la reducción de emisiones de los proyectos (así como el ahorro de costos de MRV) estas herramientas digitales permitirán que Chile muestre progreso en su NDC, un elemento clave para atraer más financiamiento climático.

El monitoreo y el cumplimiento con el vertido de desechos es un desafío, pero la conciencia sobre los problemas ambientales y el monitoreo social ha estado creciendo en Chile. Por ejemplo, las quejas de la comunidad llevaron al cierre de una planta de procesamiento de carne que tenía un tratamiento de aguas residuales mal diseñado con desbordamiento al medio ambiente local. El cierre resultante le costó a la planta millones de dólares en inversión perdida. Posteriormente, el programa Reciclo Orgánicos ha trabajado para aprovechar esta creciente conciencia pública, organizando webinarios, capacitaciones y otros eventos educativos para construir una red de partes interesadas en la gestión de desechos. De hecho, el programa tiene cerca de 70 mil seguidores en Instagram.

El conocimiento y el desarrollo de capacidades también fueron una gran parte de Reciclo Orgánicos. A través del proceso de involucrar a las partes interesadas y generar consenso sobre las estrategias de gestión de residuos, el programa reunió a actores que tradicionalmente no trabajaban juntos (por ejemplo bancos y autoridades municipales). Esto ayudó a abordar el entorno de la política general de Chile para la gestión de residuos. Por ejemplo, el compostaje, anteriormente regulado por la regulación de rellenos sanitarios, tendrá un conjunto específico de reglas para evaluar su cumplimiento con las normas ambientales y de salud. Los diálogos con las partes interesadas también ayudaron a revisar los planes de acción en el marco de la NDC inicial de Chile, que se volvió a presentar con una mención específica de la gestión de residuos orgánicos y la intención del gobierno de tratar este problema en el futuro.

Lecciones aprendidas e implicaciones para el contexto colombiano

En conjunto, se prevé que los proyectos de Reciclo Orgánicos ahorren más de 9.8 millones de toneladas de GEI hasta el año 2040 (CCAC, 2021[15]). Hasta la fecha, los proyectos ya han movilizado alrededor de USD 21 millones en capital, lo que destaca la influencia del apoyo del programa en creación de las condiciones propicias para el desarrollo del mercado. La escala de estas inversiones no habría ocurrido probablemente sin el enfoque en la gestión de desechos, y la demostración de modelos de negocios viables a través del apoyo del programa ayudará a que se logre replicarlos en el futuro.

Mientras Colombia busca prolongar la vida útil de los rellenos sanitarios del país, se pueden extraer lecciones del programa Reciclo Orgánicos. Es importante destacar que el prolongado compromiso con socios como Canadá en asuntos ambientales (por ejemplo, en el marco del Acuerdo de Cooperación Ambiental entre Canadá y Chile[10]) y el claro compromiso del gobierno con la gestión de residuos en el marco de su NDC respaldaron el desarrollo del programa Reciclo Orgánicos. El enfoque estratégico de Chile de reducir los desechos orgánicos vertidos en los rellenos sanitarios ayudó al país a beneficiarse de la cooperación específica para desarrollo en apoyo a estos objetivos. El enfoque también ayudó a diseñar un programa más específico (en lugar de un proyecto de asistencia técnica general) para fomentar el desarrollo y la réplica de soluciones que desvían los desechos de los rellenos sanitarios, como la digestión anaeróbica. Esto ayudó a diseñar intervenciones específicas, como el apoyo para la planta BioE que proporcionó un modelo de negocios más claro para la implementación del proyecto, lo que ayudó a apalancar capital privado para el desarrollo del proyecto.

La experiencia de Reciclo Orgánicos también señala el papel estratégico de la política para resolver la falta de tarifas de vertimiento, o las bajas tarifas, como en Colombia. Mejorar esta señal de precio crítico proporciona un mayor incentivo para que las empresas busquen soluciones de gestión de residuos incluyendo el desarrollo de instalaciones de conversión de residuos en energía, como las que apoya el programa. Señales adicionales, como un crédito de carbono (por ejemplo, como se describe en el Artículo 6 del Acuerdo de Paris) e incentivos fiscales, pueden mejorar aún más el atractivo de las soluciones de bioenergía. Por ejemplo, ImplementaSur estimó que el efecto de aumentar las tarifas de vertido en alrededor de USD 6 por tonelada en Chile afectaría notablemente el desarrollo de nuevos proyectos de conversión de residuos en energía. Tales consideraciones pueden de manera similar considerarse en Colombia como adiciones al nuevo impuesto a la disposición en rellenos sanitarios.

La aplicación mejorada, incluso a través de canales de denuncia social, también apoyó el caso comercial subyacente para el desarrollo de soluciones de gestión de residuos en Chile. El aumento de la conciencia pública sobre el impacto ambiental y climático de los vertederos ha alentado debates sobre la gestión de residuos y puede hacerlo en Colombia, por ejemplo, aprovechando las redes sociales del MME y del MADS para crear oportunidades para monitorear la eliminación de residuos y discutir alternativas a la disposición, como proyectos de conversión de residuos en energía.

En términos de desarrollo de capacidades, el apoyo a la transferencia de conocimientos fue otro elemento importante del programa Reciclo Orgánicos. Por ejemplo, el proyecto Los Pinos se benefició de fuertes conexiones con una empresa alemana, que ayudó a respaldar el despliegue de tecnología y el desarrollo del personal local (por ejemplo, trabajar con personal extranjero) lo que ayudó a reducir los costos. Estas oportunidades podrían aprovecharse de manera similar en Colombia y podrían aprovechar los canales interactivos existentes, como ProColombia.

Colombia también puede buscar ampliar los enfoques utilizados en el programa Reciclo Orgánicos para adaptar las soluciones de gestión de residuos orgánicos y los modelos comerciales al contexto colombiano. Por ejemplo, el sistema de recolección de residuos domésticos en Colombia ya utiliza una tarifa a través de las facturas de electricidad y agua, lo que resulta en una mayor tasa de recolección de residuos municipales en comparación con otros países de América Latina. Una estrategia de residuos orgánicos podría aprovechar este sistema de facturación para trabajar con las autoridades de residuos locales y regionales para explorar el desarrollo de programas piloto innovadores que desvíen los flujos de residuos de los rellenos sanitarios. Sin embargo, estos eventuales cambios en los exitosos servicios de recolección de residuos en Colombia, deben equilibrarse cuidadosamente para evitar consecuencias no deseadas, como un aumento de disposiciones ilegales de desechos.

De manera alterna, se podría brindar apoyo financiero (por ejemplo, a través de financiamiento combinado) además de las estructuras de facturación actuales para fomentar soluciones innovadoras y nuevos modelos comerciales para la gestión de desechos orgánicos. El Reciclo Orgánicos destaca el papel de apalancar el apoyo financiero para crear soluciones viables y bancables para los inversionistas. Estas soluciones de financiamiento combinado (por ejemplo, permitir una cartera de proyectos financiables de conversión de residuos en energía utilizando documentación estandarizada) podrían ayudar a reducir los riesgos de los inversionistas y aumentar la familiaridad con los desarrollos de bioenergía en Colombia, particularmente porque los bancos comerciales no están aún familiarizados con el modelo comercial general de tales proyectos. La financiación del desarrollo y los fondos nacionales como el FENOGE pueden, por lo tanto, apoyar la eliminación de riesgos del desarrollo temprano del mercado mediante instrumentos financieros como la cofinanciación.

Por último, un beneficio clave del programa Reciclo Orgánicos ha sido el desarrollo de capacidades para crear conocimiento y proporcionar protocolos estandarizados (por ejemplo, MRV empleando la tecnología de blockchain) para evaluar proyectos. Esto, a su vez, ayuda a los a atraer financiación e inversión. Colombia puede buscar desarrollar protocolos similares para la reducción de emisión en la gestión de residuos con contabilidad y verificación mejoradas. Esto puede incluir trabajar con socios internacionales para tener un piloto de tecnología de blockchain para monitoreo en tiempo real y registro de reducción de emisiones de los proyectos. Al mismo tiempo, esto respaldaría un mayor cumplimiento con los objetivos de reducción del vertido en rellenos sanitarios, lo que permitiría señalar de manera más asertiva a las empresas que deben explorar vías alternativas para los desechos.

Colombia: lecciones de la cogeneración en la industria azucarera

Los cultivos azucareros de Colombia ocupan cerca de 197 mil hectáreas de plantaciones, en su mayoría a lo largo del río Cauca. La producción de azúcar resultante representa el 1% de las exportaciones mundiales de azúcar y contribuye igualmente a que Colombia sea uno de los principales productores mundiales de bioetanol mediante el uso posterior del bagazo de caña de azúcar (Asocaña, 2021[18]). El bagazo y otros residuos del proceso de producción de azúcar también brindan un cobeneficio adicional a través de la cogeneración de electricidad y calor en el sector. Esto ayuda a los productores de caña a de azúcar a reducir sus costos operativos, así como la necesidad de disponer de los desechos.

A nivel mundial, la mayoría de los ingenios azucareros tienen suficientes recursos para lograr una auto suficiencia energética con la capacidad remanente para electricidad exportable. El uso actual de la cogeneración en Colombia y en otros lugares subraya el beneficio financiero que esta aplicación de conversión de residuos en energía brinda a la industria azucarera a través de los ingresos de las ventas de electricidad, particularmente porque la industria azucarera opera por estaciones. Estos ingresos pueden complementarse con otros flujos financieros como créditos de sumideros de carbono (Zafar, 2020[19]).

Uso de la caña de azúcar para actividades de cogeneración: la experiencia de Manuelita

La capacidad de cogeneración de la caña de azúcar en Colombia alcanzó los 319 MW en 2020, con 134 MW destinados a la venta a la red, como excedentes de electricidad (Asocaña, 2021[18]). Manuelita, una Sociedad Anónima, es una de las empresas que contribuyen a estas ventas y es el tercer mayor productor de azúcar en Colombia. Es también el primer productor de aceite de palma y biocombustibles del país.

Fundada en 1864, Manuelita tiene una larga historia en la producción de azúcar y otros negocios agrícolas, con actividades en Perú, Chile y también en Brasil. En el 2006, la empresa comenzó la producción y comercialización de bioetanol de caña de azúcar en Colombia, y tres años después expandió a producción de biodiesel con residuos de la producción de palma. A medida que se desarrollaron esas actividades, Manuelita comenzó a utilizar las biomasas de palma y caña para producir las necesidades de vapor y de electricidad para sus plantas de procesamiento (Manuelita, 2014[20]).

Manuelita continuó ampliando su capacidad de cogeneración a partir de bagazo de caña de azúcar, fibra de palma, cascarilla y raquis y biogás (biometano) captado de los residuos líquidos en la extracción del aceite de palma. La empresa comenzó a vender los excedentes de electricidad a la red en el año 2016, especialmente para apoyar los esfuerzos para mitigar la escasez de suministro de energía causada por el fenómeno del Niño. En total, Manuelita vendió 5 GWh a la red en 2016, equivalente al consumo de unos 30 mil hogares colombianos ese año.

Posteriormente, Manuelita expandió su capacidad para vender excedentes de electricidad a la red y para 2018, las ventas alcanzaron más de 57 GWh. Para lograrlo, se hizo una inversión de alrededor USD 18 millones (58 mil millones de pesos) para instalar un nuevo turbogenerador en el ingenio de azúcar y alcohol de la empresa en el Valle del Cauca. El aumento de las ventas de energía excedente sirvió para remplazar parte de la generación de energía existente con quema de carbón, lo que redujo las emisiones de carbono relacionadas con la electricidad en 20 mil toneladas de CO_2 por año en 2018 (Manuelita, 2018[21]).

Fuera de Colombia, Manuelita también aumentó la inversión en capacidad de generación de energía en sus plantas de producción de palma y de azúcar. Por ejemplo, a la empresa le adjudicaron un PPA a 25 años en Brasil para vender 150 GWh al año a la red iniciando en 2021, equivalente al consumo de 870 mil hogares. La inversión para la capacidad adicional de generación fue en la planta de alcohol en Vale Do Paraná en Brasil como un consorcio con una empresa francesa, Albioma (Manuelita, 2018[21]). En Perú, Manuelita está también considerando una inversión en unas calderas más eficientes para poder vender entre 28 a 30 GWh al año a la red nacional.

En Colombia, Manuelita tiene la intención de aumentar su capacidad de cogeneración (actualmente hasta cuadruplicarse para 2024, en particular a través de mejoras en la eficiencia de las calderas. La empresa ya ha identificado 13 plantas en las que esas inversiones serían atractivas, donde para alcanzar este objetivo de capacidad adicional se requerirá una inversión de alrededor de USD 80 millones (equivalente a unos USD 2 millones por cada MW de capacidad instalada). El costo de la inversión generalmente incluye la conexión a la red (dependiendo de la ubicación), y hay algunos beneficios fiscales ya que las adiciones de capacidad caen dentro de las energías renovables. De lo contrario, la inversión se pagará con los ingresos por ventas de electricidad, donde Manuelita actualmente vende excedentes de electricidad a una empresa de energía local a aproximadamente USD 0.05 (200 Pesos) por kWh. También vende excedentes de electricidad en el mercado spot, donde el precio es variable y puede ser muy alto en periodos de sequía.

En general, el retorno sobre la inversión en mejoras de capacidad es alto, dado que con la misma materia prima, una caldera más eficiente puede producir aún más electricidad. Además, el clima templado de Colombia y las temporadas de azúcar más largas significan que los residuos para la cogeneración están disponibles durante un período considerable (alrededor de 320 días por año), lo que se suma al caso comercial para dicha inversión. En comparación, Brasil, que representa alrededor de la mitad de las exportaciones mundiales de azúcar, tiene rendimientos que son 33% menos productivos que en Colombia (Asocaña, 2021[18]).

A pesar de estas condiciones atractivas, queda una pregunta importante sobre cómo se financiarán estas mejoras de capacidad. Anteriormente, Manuelita había realizado esas inversiones mediante finanzas corporativas, pero el costo de esa deuda y la necesidad de tener capital inicial limitan la amplitud de la inversión total que Manuelita normalmente emprendería a partir de tales proyectos. Por ejemplo, se realizó una inversión de mejora similar en Brasil a través de un socio financiero bajo un modelo de construcción, propiedad, operación y transferencia a 20 años. Sin embargo, esta estructura financiera se ha considerado demasiado riesgosa en el contexto colombiano, en particular debido al riesgo de eventos de La Niña, cuyas abundantes lluvias reducen la temporada de producción de azúcar. Por lo tanto, las opciones actuales para financiar la capacidad ampliada de Manuelita son más desafiantes en Colombia.

Un entorno de políticas propicias para el desarrollo del mercado

La cogeneración en Colombia ha crecido considerablemente desde que se aprobaron las primeras normas que permitían la venta de excedentes de electricidad a la red mediante las Resoluciones 085 y 086 de la CREG en 1996. Las sucesivas reformas normativas sobre las reglas de acceso a la red y las condiciones técnicas para la cogeneración térmica y electricidad permitieron impresionantes adiciones de capacidad en las industrias del azúcar y la palma (ver Figura 3.1 y la sección regulatoria anterior). En particular, las primeras directrices proporcionaron el impulso inicial para que la agroindustria vendiera electricidad en el mercado spot, ya sea directamente o a través de un agente minorista, lo que generó interés en las primeras ventas del excedente de generación, que alcanzaron más de 100 GWh en 1999 (CCC, 2016[22]).

Aún así, la incertidumbre en los precios del mercado spot proporcionó pocos incentivos para realizar inversiones intensivas en capital más allá de vender el excedente de la capacidad existente. Las reformas posteriores en los años 2000 aumentaron el caso comercial para realizar inversiones de capital, pero el financiamiento de esas adiciones seguía siendo un desafío. En particular, las regulaciones relativas a las adiciones de capacidad de cogeneración solo permitían que la inversión la hiciera el actor que realizaba la actividad de cogeneración. Esto limitó efectivamente la participación de terceros, por ejemplo, a través de un modelo de negocio de servicio de energía (UPME, 2015[23]). Además, las restricciones en el acceso a contratos bilaterales y los límites para tener acceso a las subastas de cargo por confiabilidad significaron que el caso comercial para nuevas inversiones siguió siendo débil.

Las regulaciones adicionales a finales de los años 2000 ayudaron a revitalizar el interés de la industria, en particular a través de incentivos fiscales y una guía clara sobre acceso a contratos a largo plazo. Esto incluyó cambios importantes en las exenciones para el pago de contribuciones sobre la energía destinada al autoconsumo. Para empresas grandes como Manuelita, que podían asegurar una energía garantizada de más de 20 MW, los contratos bilaterales también crearon una oportunidad más clara para que los flujos de ingresos justificaran las mejoras de capital. Sin embargo, los contratos bilaterales a través de un minorista para abastecer a clientes no regulados pueden ser difíciles de orquestar, mientras que los acuerdos bilaterales directamente con un regulador dependen igualmente del incentivo del minorista. Esto último no se ve facilitado por las reglas contables para los estándares de cartera renovable cuando la electricidad se utiliza para autogeneración (ver la sección regulatoria anterior).

Dicho esto, medidas como la Resolución 153 de 2013 de la CREG sobre energía firme a partir de combustibles de origen agrícola han brindado un incentivo adicional para un mayor desarrollo de la capacidad de cogeneración de la industria, en particular al mejorar la previsión de los flujos de ingresos a través de la contratación a largo plazo. La Ley 1715 de 2014 también dispuso una serie de incentivos fiscales (por ejemplo, la reducción del 50% del impuesto sobre la renta) para proyectos de cogeneración, y estos ayudaron a mejorar aún más los aspectos económicos de las actualización y mejoras de capacidad. El efecto de estos incentivos se evidencia por el crecimiento en la capacidad instalada de cogeneración conectada a la red.

En general, los cambios en el entorno regulatorio con respecto a la cogeneración de la industria en las dos últimas décadas han aumentado el argumento comercial subyacente para que actores como Manuelita continúen haciendo inversiones en mejoras y adiciones de capacidad. Aún así, la reforma de políticas no ha abordado adecuadamente la forma como esos proyectos se financian, donde la inversión a través de financiamiento corporativo puede no ser una solución particularmente atractiva para ciertas empresas y puede estar limitando la cantidad de adiciones de capacidad que una empresa puede asumir simultáneamente, como es el caso de Manuelita.

Lecciones aprendidas e implicaciones para oportunidades futuras

El ejemplo del fuerte crecimiento en la cogeneración de la industria del azúcar y la palma destaca el importante papel que desempeña una política eficaz en el apoyo al desarrollo y la expansión de las tecnologías de bioenergía. Las lecciones de las experiencias en estas industrias, en particular sobre orientación e incentivos para que los actores de la industria se comprometan con adiciones de capacidad, se pueden aplicar a otras fuentes potenciales de bioenergía, como las oportunidades de biogás que en particular siguen sin ser explotadas.

El ejemplo de la experiencia de Manuelita también destaca algunas barreras restantes que se pueden abordar para mejorar la cartera de adiciones de capacidad de bioenergía en el futuro. Incluso en los casos en los que las condiciones técnicas y de mercado han quedado bien demostradas durante las dos últimas décadas, las limitaciones en los vehículos potenciales para realizar dicha inversión pueden estar limitando la velocidad de las nuevas adiciones de cogeneración. Al abordar estos problemas, por ejemplo a través de medidas para facilitar acuerdos bilaterales con o por medio de minoristas, se ayudará aún más a demostrar flujos de ingresos claros para el desarrollo y uso de la financiación de proyectos. El apoyo financiero, por ejemplo a través de garantías de ingresos limitados, puede ayudar igualmente a resolver las barreras a la financiación de proyectos para estos tipos de mejoras de inversiones de capital. Las medidas adicionales, como las reformas que abordan la participación de terceros en estas inversiones, también aumentarán el grupo de inversionistas potenciales en cogeneración de bioenergía.

Estas reformas ayudarán también a incrementar la inversión en otras tecnologías de bioenergía, como la digestión anaeróbica, que siguen siendo limitadas por una serie de razones (ver la sección regulatoria anterior), una de las cuales es el tamaño típico de dichos actores, que de pronto no están en la posición de tener un financiamiento directo (es decir, financiamiento basado en el balance) o tener acceso a financiamiento corporativo. En estos casos las inversiones requerirán un mayor acceso a diversas formas de financiación, desde préstamos bancarios asequibles hasta coinversión con socios potenciales y modelos de servicio de energía como el esquema de construir, poseer, operar y transferir utilizado por Manuelita en Brasil. Algunas de estas empresas tienen también capacidad técnica y experiencia limitada en la gestión de licencias, permisos y conexión a la red. Por lo tanto, si bien el marco regulatorio existente proporciona una base sólida para la cogeneración, otras medidas políticas y mecanismos de apoyo (por ejemplo , creación de capacidad o una instalación de preparación de proyectos) ayudarán a aumentar la cartera de tecnologías de autogeneración y de bioenergía de generación distribuida.

El apoyo adicional para el desarrollo del mercado puede provenir de una mejor financiación de la eficiencia energética en Colombia. Por ejemplo, se puede lograr una mayor cogeneración en la industria azucarera mediante la inversión en calderas más eficientes. El retorno de la inversión a través de estas mejoras suele ser alto, ya que reduce los costos de operación y aumenta la electricidad disponible para la venta a la red sin cambiar la cantidad de materia prima. El desarrollo de iniciativas basadas en el mercado como la Plataforma Europea de Financiación de Eficiencia Energética y Eliminación de Riesgos[11] y el Proyecto de Confianza en el Inversionista[12] puede ayudar a generar confianza en los inversionistas en este tipo de mejoras de eficiencia energética, proporcionando una base de evidencia clara sobre el rendimiento de los activos y el retorno de la inversión. Tales iniciativas en Colombia podrían ser adelantadas por FENOGE, posiblemente en colaboración con socios internacionales, para aumentar el financiamiento asequible para proyectos de bioenergía y de otras energías limpias.

India: inversión extranjera para convertir paja de arroz paddy en biogás en Punjab

La biomasa es una fuente importante de energía en India, y se han instalado mas de 10 GW de generación de energía y de capacidad de cogeneración en el país utilizando bagazo y otras fuentes de biomasa[13] (MNRE, 2021[24]). El Ministerio de Energía Nueva y Renovable de la India (MNRE) ha enfatizado el papel de la bioenergía como parte de los objetivos de energía limpia del país para 2030 y más allá. En particular, ha destacado el potencial de 230 millones de toneladas métricas de residuos agrícolas anuales (por ejemplo, bagazo, paja, cascarilla de arroz y de soja, residuos de café y tallos de algodón) que podrían utilizarse para producir hasta as 28 GW de capacidad de energía limpia. También se podrían producir 14 GW adicionales de cogeneración a base de bagazo en la industria azucarera de la India.

El MNRE ha apoyado igualmente la implementación del desarrollo de capacidades de biomasa a través de una serie de esquemas de políticas e incentivos, tales como su proyecto nacional sobre desarrollo de biogás, su Nuevo Programa Nacional de Biogás y Abono Orgánico y su programa de aplicación de energía térmica y generación de energía de biogás fuera de la red. Estas iniciativas han respaldado el desarrollo de más de cinco millones de plantas de biogás a pequeña escala (de un potencial estimado de 12.3 millones de unidades) al igual que la adición de 389 proyectos de energía de biogás fuera de la red desde el 2006. Estos últimos representan casi 9 MW de capacidad de generación fuera de la red (MNRE, 2021[25]). El Nuevo Programa Nacional de Biogás y Abono Orgánico también apoya productos de biogás como el biogás comprimido (CBG), que se puede utilizar para otros sectores prioritarios como combustibles verdes para el transporte y cocina limpia (MNRE, 2021[26]).

El proyecto de biogás de Verbio

En 2016, Verbio AG, un fabricante de bioenergía líder en Europa, lanzó el desarrollo de nuevas actividades de producción de biogás en India. Verbio es un productor a gran escala de biodiesel, bioetanol y biometano, con plantas de producción y bio-refinerías en todo el mundo produciendo alrededor de 600 mil toneladas de biodiesel, 260 mil toneladas de bioetanol y 900 GWh de biometano en 2020 (Verbio, 2021[27]). La empresa amplió sus actividades a la India para aprovechar su experiencia como proveedor de energía alternativa en un mercado emergente que tiene un potencial de bioenergía grande y prometedor.

Verbio se encuentra actualmente en el proceso de completar su primera planta de biometano en India, que se espera que entre en operaciones a finales de 2021. El proyecto, con un valor de alrededor de USD 13 millones (INR 100 crore) está localizado en el norte de India en el pueblo de Bhutal Kalan, área del distrito de Sangrur en Punjab. Fue aprobado por el gobierno de Punjab en 2018 y forma parte de un acuerdo más amplio para la aprobación en principio de nueve plantas futuras de este tipo en varias partes del estado. Estas tienen un valor de hasta USD 120 millones (INR 900 crore) en inversión potencial total (Project Reporter, 2018[28]).

La planta actual se está construyendo en un terreno que Verbio compró a través del proceso normal de permisos gubernamentales. La adquisición y el desarrollo de la planta están siendo financiados directamente por Verbio a través de su sede alemana como IED. Esto cubre todo el proceso de CBG, desde el suministro de materia prima hasta la generación, el transporte y las ventas de biogás. Verbio comprará paja de arroz paddy a los agricultores locales, hará el tratamiento previo y la convertirá en CBG utilizando fermentadores construidos por una empresa india. Luego el CBG será transportado a las estaciones de servicio dentro de una distancia de 70-100 kilómetros de la planta para su uso final en camiones.

Verbio identificó a India como un nuevo mercado de inversión (entre otros países como Estados Unidos, Canadá, Polonia y Hungría) debido a su importante potencial para el desarrollo de bioenergía a partir de residuos agrícolas, ganaderos y municipales. El potencial de CBG en India se estima en 32 millones de toneladas métricas de producción anual, en relación con los niveles de producción actuales de menos de 20 mil toneladas métricas (MIIM and EAC, 2020[29]). Además, la producción agrícola en sectores relevantes para CBG (por ejemplo, caña de azúcar, y granos alimenticios) ha seguido aumentado desde el año 2015, donde Punjab se encuentra entre los estados de alto rendimiento para el potencial de biocombustibles.

En este primer proyecto de CBG, Verbio convertirá unas 100.000 toneladas de paja por año en biometano puro, lo que demuestra el potencial para un mayor crecimiento de capacidad y como la producción de bioenergía puede cumplir con múltiples objetivos de política, como la reducción de las importaciones de combustible y la creación de empleo en áreas rurales. La decisión de Verbio de desarrollar la capacidad de CBG en Punjab se debió en parte a la legislación de la India que garantiza el precio del combustible en las estaciones de servicio, mientras que otros factores alentaron este primer proyecto de demostración. Por ejemplo, India ya tiene una gran flota de camiones a gas natural comprimido (GNC), y la densidad de la demanda en las estaciones de servicio puede alcanzar alrededor de 33 toneladas por día para los grandes consumidores a lo largo de las carreteras claves. Otros vehículos de GNC y flotas cautivas (por ejemplo, taxis) también podrían ser consumidores eventuales de CBG, aprovechando perfiles de demanda consistentes que justifican una mayor producción de la planta. También puede haber sinergias eventuales en la producción de CBG, por ejemplo, el humus (es decir, el digestato) de la producción de biometano podría quemarse y usarse para la generación de electricidad o para cogeneración de calor con la industria local como mercados secundarios.

Financiación del desarrollo de biogás

Si bien el potencial de mercado para CBG es prometedor, este primer proyecto de biometano de Punjab no es financiable en sí mismo, ya que aún no tiene un consumo garantizado. El abastecimiento de materias primas, gestionado por Verbio, es igualmente un costo adicional para el proyecto, aunque al mismo tiempo, es necesario garantizar el abastecimiento suficiente de desechos agrícolas para para producción de CBG. Como tal, Verbio ve este proyecto como una forma de validar el caso comercial para multiplicar este tipo de unidades de producción de CBG en la India, utilizando esta primera demostración como prueba de los diversos elementos de diseño y el modelo comercial potencial. Por ejemplo, los planes originales de 2016 contemplaban el uso de bioenergía para la producción de electricidad, pero cambiaron a la producción de CBG dado el bajo costo de la electricidad (alrededor de USD 0.03-0.04 por kWh) con los mercados solares y eólicos en rápido crecimiento en India.

Dado que Verbio busca expandirse más allá de este proyecto inicial de CBG, necesitará financiamiento para hacerlo. El capital es una opción, aunque suele ser costoso y debe combinarse con deuda para reducir los costos. Lograr rendimientos esperados de 10-15% (por ejemplo, en comparación con otros desarrolladores de energía renovable en la India) puede ser igualmente desafiante para el uso de capital. En particular, puede ser difícil alcanzar estas tasas dada la demanda actual del mercado de CBG y la necesidad de desarrollar crecimiento comparable en escala (tanto por el lado de la materia prima como por la parte de compras/ventas) con el fin de alcanzar esos niveles de retorno sobre la inversión. Podría usarse igualmente el financiamiento de deuda para expandir la capacidad, pero las tasas de interés suelen ser altas (por ejemplo, 12%).

India tiene fondos disponibles para estos tipos de proyectos de energía limpia, por ejemplo a través de los esquemas de apoyo a la bioenergía del MNRE[14] y esquemas de financiamiento de conversión de residuos en energía a través de la Agencia de Desarrollo de Energía Renovable de la India[15]. La financiación internacional, a través de cooperantes como KfW, es también una forma posible de ampliar la capacidad de biogás de Verbio en la India. Otro tipo de apoyo como los mecanismos de eliminación de riesgo (por ejemplo a través de una garantía corporativa) ayudaría a abordar algunos de estos desafíos de financiamiento del mercado inicial.

El apoyo de políticas puede ayudar a abordar algunos de estos riesgos, por ejemplo, mediante la creación de objetivos o cuotas que brinden una mayor garantía de compra. El Gobierno de la India está planeando una legislación para permitir cierta mezcla en la red de gas y hay también discusiones con las grandes petroleras, lo que ayudaría a crear una considerable demanda de mercado, puesto que estas empresas tienen alrededor de 40 mil estaciones de servicio en todo el país.

El hacer frente a otras barreras para la expansión de la producción de biogás en Punjab y en otras partes de la India, puede facilitar una mayor inversión y expansión. Por ejemplo, reciclar humus de regreso a las granjas ayudará a mantener la producción fuente y los esfuerzos como el desarrollo de capacidades y concientización pueden apoyar esto. Los agricultores no siempre han visto los fertilizantes como algo bueno y Verbio ha tenido que trabajar de la mano con ellos como parte de sus actividades de abastecimiento, lo que tiene un costo adicional para la producción de CBG. El desarrollo del proyecto fue también relativamente largo y complicado (requirió trabajar con unos 50 terratenientes para adquirir terrenos), aunque Verbio recibió apoyo del gobierno local, del ministro del estado y del ministro de petróleo de la India, que ayudaron en el desarrollo de este primer proyecto. En particular, Punjab facilitó la inversión de Verbio a través de un punto de contacto claro que ayudó con la consecución de permisos y el proceso de aprobación, a través de la Oficina de Promoción de Inversiones de Punjab (Invest Punjab),[16] sirviendo efectivamente como una ventanilla única.

La impresión general de este primer proyecto de CBG a medida que su desarrollo llega a su finalización es que existe un espacio considerable para el crecimiento y la inversión en el futuro. Los agricultores han estado felices de participar, aún si no reciben ningún dinero (por el momento) porque significa que no tienen que disponer de o quemar sus desechos, esto último se ha convertido en un problema social importante en la India debido a la contaminación del aire por quema agrícola. El gobierno también estableció objetivos de 15 millones de toneladas métricas por año para la producción de CBG para el año 2025 bajo el esquema de Alternativa Sostenible Hacia el Transporte Asequible[17] anunciado a fines de 2018. Esto ayudará a impulsar la demanda del mercado para CBG, como sustituto de GNC, con un gran potencial de crecimiento futuro, ya que hasta la fecha solo se ha logrado alrededor del 0.1% de este objetivo (MIIM and EAC, 2020[29]). En consecuencia, Verbio tiene planes para construir cinco plantas adicionales con una inversión estimada de alrededor de USD 120 millones.

Lecciones aprendidas e implicaciones para el contexto de Colombia

El proyecto Verbio destaca varios elementos del mercado y consideraciones de diseño que influyen en la inversión del sector privado en un mercado emergente de energía limpia. El suministro de materias primas, el mercado potencial para el producto, los marcos legales locales y nacionales (incluido el acceso a la documentación en inglés) y la seguridad de la inversión son factores importantes que contribuyen a la voluntad de los inversionistas a entrar en un nuevo mercado.

Las señales de política, como los objetivos a largo plazo o los planes energéticos, las estadísticas de mercado y los precios de la energía, también ayudan a crear un entorno propicio para la inversión. El proyecto Verbio demuestra como la creación de estas condiciones (por ejemplo, en el apoyo para acceder/adquirir terrenos para la planta de CBG y el suministro de materia prima al igual que un marco legal y un entorno de políticas que señalen un mercado para el desarrollo de biogás) alientan al inversionista a asumir el riesgo de inversión, incluso en un mercado de bioenergía emergente. Algunos de estos elementos han sido resueltos y han ayudado a reducir los riesgos percibidos por Verbio, quien ha tomado una decisión de inversión basada en el potencial de demanda futura. En comparación, Verbio encontró en otros países que consideró para la inversión potencial que esas condiciones esenciales eran todavía demasiado riesgosas.

Mientras Colombia busca aumentar la inversión privada en biogás, el caso Verbio enfatiza la importancia de señales de políticas claras para apoyar la evaluación de riesgos y retornos por parte de los desarrolladores. Las regulaciones en torno a los objetivos y programas de bioenergía centrados en el desarrollo del biogás han ayudado a Verbio a tomar decisiones de inversión, apostando por el compromiso del gobierno para ejecutar su estrategia de biogás. En particular, el proyecto Verbio pone en relieve que el potencial de mercado futuro es un interés clave en este tipo de inversión en etapa inicial. Tales perspectivas estratégicas en Colombia, por ejemplo, agregar objetivos de biogás para la industria y la generación de electricidad, basándose en mandatos ampliados de biocombustibles para transporte, permitirían empresas comerciales similares.

Otras medidas de apoyo incluyen los precios de uso final (por ejemplo, para las ventas de combustible CBG) que pueden aumentar el atractivo de la inversión, brindando una mejor visibilidad a los inversionistas sobre los posibles rendimientos futuros y fomentando el desarrollo temprano del mercado. Estas señales de precios también proporcionaron un incentivo importante para desarrollar actividades estratégicas de biogás, como el trabajo con agricultores locales para capturar necesidades y oportunidades futuras. Colombia podría considerar un uso de precios específicos para vectores de bioenergía (por ejemplo, biogás) que tienen un potencial importante pero que actualmente tienen un uso de mercado limitado. Esto ayudaría a aumentar el apetito de los inversionistas, al mismo tiempo que apoyaría el despliegue de la capacidad de generación que ayudará a mejorar la competitividad de precio en el futuro.

Finalmente, el caso de Verbio ilustra la importancia de la facilitación de negocios, como un punto de contacto claro para preguntas sobre permisos y procesos de aprobación. Esto puede simplificar la experiencia de inversión para los desarrolladores e inversionistas extranjeros en bioenergía, que pueden necesitar apoyo para navegar en medio de los procedimientos formales para el desarrollo de proyectos, reduciendo los costos y el tiempo requeridos para la inversión. El apoyo para trabajar con los agricultores para adquirir insumos de materia prima también podría ayudar a garantizar una cadena de suministro clara, dada la naturaleza fragmentada e informal del suministro en Colombia. Esto se puede hacer a través de medidas que aborden el desarrollo de la red, por ejemplo para encontrar compradores potenciales como las estaciones de servicios y las compañías petroleras que trabajan con Verbio en India, y ayudará a crear un caso comercial sólido para futuras inversiones.

Turquía: producción de biogás con estiércol de ganado

Turquía es un importante exportador de productos agrícolas y se ubica como uno de los diez productores agrícolas más grandes del mundo (FAO, 2021[30]). En consecuencia, la participación del sector agrícola en la economía de Turquía representa el 6.4% del valor agregado del PIB (OECD, 2021[31]), y los grandes volúmenes de residuos con una gran diversidad de desechos agrícolas significan que el sector representa una oportunidad considerable para el desarrollo de la bioenergía. De hecho, se estima que los residuos de la agricultura representan hasta 100 TWh de energía potencial. De esto, el potencial de biogás podría alcanzar los 23 TWh, o aproximadamente un 7% de la generación de electricidad del país en el año 2019 (IEA, 2021[32]). La capacidad de bioenergía abordaría igualmente problemas como las emisiones y la degradación del suelo de las actividades agrícolas. La ganadería en particular representa más de la mitad de las emisiones de GEI del sector y contribuye a otros problemas ambientales a partir de los desechos del ganado (FAO, 2016[33]).

El Plan de Acción de Energía Renovable Nacional del gobierno (REAP)[18] estableció objetivos en 2014 para lograr 1 GW de energía a partir de biomasa para 2023, en comparación con los 224 MW instalados para 2013 (FAO, 2016[33]). Este objetivo se superó antes del año 2020, con más de 1.1 GW de capacidad instalada a finales de 2019 (Gönül et al., 2021[34]). Solo la bioenergía para la generación de energía representó 3.2 TWh de electricidad renovable en 2019 (o 1.1% de la generación total), principalmente a partir de biogás. Esto apoyó el logro de objetivos más amplios de energía renovable, alcanzando el 44% de la generación de electricidad del país a partir de energía limpia en 2019, superando las metas establecidas en el Undécimo Plan de Desarrollo del País para 2019-2023 (IEA, 2021[32]).

Este impresionante crecimiento en las adiciones de capacidad de bioenergía y energía renovable durante la última década fue respaldado por una serie de políticas de apoyo. En particular, el Mecanismo de Apoyo de la Energía Renovable (Yenilenebilir Enerji Kaynakları Destekleme Mekanizması, YEKDEM)[19] del Ministerio de Energía y Recursos Naturales (MENR), ha ofrecido atractivas tarifas de conexión y otros incentivos financieros para proyectos de energía renovable, alentando la inversión en soluciones como la producción de biogás en todo el país.

La experiencia de "Energrom Energy" en el desarrollo de capacidad de biogás

Energrom Energy es una empresa privada de ingeniería e inversión enfocada en energías renovables, incluida la producción de bioenergía. La empresa se estableció en el 2015 como una sociedad entre Moots Investment (Estados Unidos) y los dueños de empresas de contratación internacional operando en Turquía.

Energrom tiene tres plantas de energía de biogás que producen electricidad limpia y bio-fertilizante. Estas incluyen la planta Foça de la empresa en İzmir (3 MW de capacidad), su planta Balıkesir en Balıkesir (3 MW) y la planta Kuyucak en Aydın (2 MW). Las tres plantas se terminaron recientemente con el fin de beneficiarse del esquema YEKDEM que terminaba en junio de 2021. En particular, los proyectos se concluyeron bajo la última ronda del esquema ya que ofrecía una tarifa denominada en dólares de los Estados Unidos durante un período de diez años.

Energrom tiene también otros dos proyectos en preparación, pendientes de los permisos públicos. Estos se incluirán en el esquema YEKDEM[20] más reciente, valido hasta diciembre de 2025, el cual ofrece tarifas de conexión en Liras turcas, al igual que un mecanismo de ajuste de precio. Las inversiones en energía renovable bajo el esquema pueden igualmente beneficiarse de otros incentivos, como exenciones del impuesto al valor agregado y derechos de aduana para proyectos de un tamaño de inversión determinado, dependiendo de la región de instalación.[21]

Un elemento importante en los proyectos anteriores de Energrom y en los proyectos en curso ha sido asegurar la ubicación de los sitios lo suficientemente cerca de las granjas ganaderas para tener acceso claro a materia prima de residuos. Esto puede ser un desafío, ya que los sitios de las plantas en sí no pueden estar en tierras destinadas a actividades agrícolas. Los sitios requieren igualmente estudios de pre-factibilidad coordinados con las autoridades municipales. Para acelerar este proceso, Energrom ha realizado los estudios de factibilidad por si misma y ha comprado las tierras de los sitios antes de iniciar los procedimientos de autorización y concesión de licencias del proyecto de bioenergía. La compañía también aseguró contratos de suministro con agricultores regionales para tener suficiente materia prima para la producción de electricidad de las plantas, ya que se requiere demostrar esta capacidad para obtener los permisos de la planta. Estos contratos de suministro están incentivados, indirectamente, por los requisitos ambientales para las granjas por encima de un cierto umbral (por ejemplo, 500 animales para los ganaderos) para disponer de los desechos a través de instituciones autorizadas. Además, Energrom proporciona una tarifa por tonelada de desecho, lo que alienta no solo a las granjas obligadas, sino también a las que se encuentran por debajo del umbral regulatorio a participar en contratos de suministro. Algunos de estos contratos de suministro (por ejemplo para desechos de vegetales y otros desechos orgánicos) también pueden requerir permisos ambientales adicionales. En consecuencia, las fases preparatorias del desarrollo del proyecto pueden ser relativamente onerosas, y a menudo Energrom contrato a un tercero para identificar y coordinar a estos proveedores de residuos.

Una vez que sus sitios están operativos, la electricidad de la planta de Energrom se vende diariamente a la red a través de una empresa de distribución, por ejemplo con una tarifa fija a través del esquema YEDKEM. Las ventas también se pueden hacer fuera del esquema vendiendo directamente a través de una empresa de distribución privada a un precio acordado. Siempre que los generadores de electricidad tengan licencia, tienen derecho a registrarse en el esquema YEDKEM durante cualquier año dentro del período de elegibilidad de diez años. Los generadores que negocian directamente con una empresa de distribución privada siempre pueden registrarse en el esquema YEDKEM al año siguiente.

La opción de vender electricidad a través del esquema YEDKEM o a través de un distribuidor privado permite a las empresas elegir acuerdos con un rendimiento más ventajoso, lo cual es útil en el caso de las plantas de Energrom, especialmente porque el capital extranjero de Moots Investment constituye una parte importante de la financiación de las plantas. Las fluctuaciones del tipo de cambio ya son un riesgo potencial de inversión, incluso para los costos de capital para maquinaría que comúnmente viene del exterior. Los créditos bancarios se han utilizado como financiación intermedia, pero hasta la fecha los proyectos no se han beneficiado de préstamo en condiciones concesionarias o préstamo dedicado (por ejemplo, verde) ya que esto todavía es poco común en Turquía. En consecuencia, Energrom está buscando oportunidades de financiamiento climático o de fondos verdes para financiar proyectos futuros.

Adicionalmente, Energrom ha registrado sus instalaciones operativas bajo un estándar de carbono aprobado internacionalmente, VERRA,[22] que brinda certificación de reducción de emisiones de carbono para los sitios como la Foça[23] de 3 MW. Turquía no cuenta con un plan de comercio de emisiones de carbono y la certificación permite que Energrom emita créditos de reducción de emisiones negociables en el mercado abierto para que las empresas compensen sus emisiones.

Un entorno normativo propicio para el desarrollo del mercado de la bioenergía

Las fuentes de energía renovable tienen prioridad en la agenda energética de Turquía bajo el REAP de 2014. Específicamente, el plan estableció un objetivo para que la energía renovable represente al menos el 30 por ciento de la generación de electricidad para 2023. Esta ambición fue respaldada por objetivos específicos de tecnología, que incluyen 1 GW de bioenergía, 1 GW de geotérmica, 2 GW de energía hidroeléctrica, 5 GW de energía solar y 20 GW de energía eólica (FAO, 2016[33]).

Para cumplir con estos objetivos, el esquema YEKDEM ha proporcionado tarifas de conexión atractivas con una bonificación de contenido local para los componentes de generación fabricados en Turquía. La ronda 2015-20 del esquema desempeñó un papel fundamental en el fomento de la inversión en tecnologías de energía renovable, en particular a través de tarifas denominadas en USD (CIFTCI, 2021[35]). El resultado fue que casi se triplicó la generación de electricidad renovable en la década de 2010 (IEA, 2021[32]), y para 2021, la inversión en energía renovable alcanzó casi los 66 mil millones de USD (Erkul, 2021[36]). Solo en 2020, la financiación de energías renovables alcanzó unos 3 mil millones de dólares (USD), lo que respalda casi 5 GW de adiciones de nueva capacidad (Erkul, 2021[37]).

El nuevo esquema YEKDEM, vigente hasta el 21 de diciembre de 2025, seguirá brindando un incentivo a la producción nacional, con el cambio notorio en las tarifas de conexión en Lira. Para resolver los riesgos de esta denominación para los inversionistas, el esquema 2021-25 incluye un mecanismo de escalamiento trimestral, basado en el índice de precios al productor, el índice de precios al consumidor y las tasas de compra en dólares y euros. Las tarifas de conexión se redujeron igualmente para reflejar la disminución del costo de la energía renovable. Si bien el efecto de estos cambios está aún por verse, los riesgos agregados de volatilidad cambiaria y de la tasa de interés pueden ser un desafío para algunos proyectos como las soluciones geotérmicas y de bioenergía, cuyos costos no han disminuido tan significativamente como otras tecnologías, como la solar y la eólica. Un ejemplo de ello son las tarifas de conexión de biometano, que se redujeron en un 44% bajo el nuevo esquema, de USD 0.13 por kWh a 0.54 Lira por kWh (aproximadamente USD 0.075 por kWh en enero 2021[24]). Es probable que esta caída no refleje tales mejoras de costos en las nuevas adiciones de capacidad de bioenergía y como resultado, el período de recuperación de los proyectos de biogás de Energrom, que anteriormente era de siete años bajo la tarifa denominada en USD, aumente probablemente bajo el nuevo esquema YEKDEM.

Además de las tarifas de conexión y otros incentivos económicos para proyectos de energía renovable, el Gobierno de Turquía también ha tomado medidas en los últimos años para simplificar el desarrollo de proyectos de energía limpia. Por ejemplo, en 2016 se creó una Junta de Coordinación de Inversiones en Energía para facilitar los procesos de consecución de permisos para las inversiones de los sectores público y privado en proyectos de (Ersin, Arseven and Baydar, 2016[38]). Los desarrolladores de proyectos también pueden presentar desafíos de inversión ante la junta, que está encabezada por el viceministro del MENR y está compuesta por representantes de varios ministerios gubernamentales. La junta no sirve como una ventanilla única, por ahora, y no es necesario que los proyectos pasen por la junta. Por ejemplo, Energrom no utilizó la junta y en cambio, aprovechó las experiencias de consecución de permisos, licencias y diseño de proyectos de otras empresas que anteriormente habían invertido en biogás.

Aún así, la coordinación entre las autoridades relevantes y los procedimientos ha ayudado a simplificar y acelerar el proceso de inversión (IEA, 2021[32]). Por ejemplo, la junta ha ayudado a informar sobre la nueva regulación que apoya las inversiones renovables, y en particular, las inversiones en bioenergía. También ha ayudado a aumentar la coordinación entre ministerios, lo cual es particularmente importante para la producción de biogás. Por ejemplo, el uso de diversos desechos animales, vegetables y orgánicos en la producción de biogás y de bio fertilizante, como las instalaciones de Energrom, significa que el otorgamiento de licencias para esos proyectos puede estar sujeto a los marcos normativos del MENR, el Ministerio de Medio Ambiente, el Ministerio de Agricultura y otras autoridades gubernamentales. Por lo tanto, la coordinación de los estudios técnicos, las evaluaciones de impacto, los permisos, las licencias y las etapas del procedimiento para la instalación es fundamental para limitar el tiempo y los gastos de preparación del proyecto y las actividades de desarrollo como las que llevan a cabo Energrom y sus grupos de consultores. Una vez que las licencias de generación y los incentivos YEKDEM han sido desarrollados, tienen que ser aprobados por la Autoridad Reguladora del Mercado Energético. Las actividades posteriores para la producción de fertilizantes relacionados (y las subvenciones aplicables[25]) pasan luego por el Ministerio de Agricultura. Por lo tanto, la coordinación ayuda a garantizar que este proceso sea lo más sencillo y gradual posible. Las medidas futuras, como una ventanilla única para todos estos procedimientos, facilitarían aún más el desarrollo de plantas de biogás similares.

Lecciones aprendidas e implicaciones para el contexto colombiano

Los proyectos de biogás de Energrom Energy producirán en conjunto hasta 150 GWh de electricidad anual y alrededor de 105 mil toneladas de fertilizantes. Esto eliminará igualmente cerca de 414 mil toneladas de emisiones de la producción de electricidad limpia y reducirá la huella de carbono de los desechos agrícolas, lo que respaldará el logro del compromiso del gobierno de aumentar la participación de las energías renovables, con beneficios adicionales como una mayor seguridad energética utilizando materias primas energéticas disponibles localmente.

Un elemento importante que respalda el desarrollo de proyectos de bioenergía, como las plantas de biogás de Energrom son los objetivos a corto plazo establecidos en la estrategia REAP para 2023. Estos proporcionaron la base para las tarifas de conexión posteriores bajo el esquema YEKDEM, que junto con otros incentivos como las exenciones tributarias han fomentado el desarrollo de adiciones de bioenergía y energía renovable en Turquía. El efecto de los cambios recientes de las tarifas denominadas en USD a liras se verá en los próximos años, aunque el mecanismo de escalamiento debería ayudar a abordar algunos de esos riesgos cambiarios. El impacto potencial en los proyectos de bioenergía de los recientes ajustes de precios también está por verse, aunque subraya un elemento importante en el diseño de este tipo de esquemas: en particular, que el uso de mecanismos de apoyo financiero debe tener como objetivo considerar las evoluciones del mercado para aplicar fondos públicos de la manera más efectiva posible.

A medida que Colombia busca aumentar la participación de las tecnologías de energía renovable en la matriz energética del país, incluido el aprovechamiento del potencial de bioenergía, puede aclarar las señales a corto y mediano plazo bajo la planificación de la UPME para reflejar las ambiciones de políticas en términos más concretos. Estos objetivos específicos se pueden utilizar entonces para evaluar los incentivos específicos de tecnología o señales de precios, como los del esquema YEKDEM, para alentar la inversión en mercados menos desarrollados (por ejemplo, la producción de biometano). El MME puede igualmente querer evaluar el papel potencial de otros mecanismos de apoyo para abordar los riesgos eventuales para los desarrolladores e inversionistas de bioenergía, específicamente por la naturaleza multifacética de estos proyectos (como se ve en la experiencia de Energrom) ya puede tener varios riesgos posibles a lo largo del ciclo del proyecto (por ejemplo, en evaluaciones de impacto, obtención de licencias, adquisición de tierras y contratación de suministro).

El MME también podría considerar el diseño de mecanismos financieros para abordar los riesgos para los inversionistas extranjeros. Las tarifas de conexión denominadas en USD bajo la última ronda del esquema

YEKDEM jugaron un papel fundamental en la movilización de capital extranjero para el mercado de energía renovable de Turquía, respaldando un crecimiento fenomenal en tecnologías de energía renovable, del 2% de la capacidad de generación en 2010 a mas del 15% en 2019 (IEA, 2020[39]). Si bien el riesgo de la denominación en USD fue asumido por el esquema YEKDEM (y el gobierno turco), se podrían considerar otros instrumentos de eliminación de riesgos, como el apoyo a un mecanismo de cobertura de divisas, para abordar este riesgo y traer una mayor IED para proyectos de bioenergía en Colombia.

Finalmente, se pueden extraer lecciones de la experiencia de Turquía con la Junta de Coordinación de Inversiones en Energía, que es un paso importante hacia la simplificación de los complejos procedimientos de consecución de permisos y licencias. Las medidas más recientes para hacer avanzar a este organismo como una ventanilla única seguirán facilitando la inversión en el desarrollo de energía limpia, al tiempo que simplifican los procesos que pueden aumentar los costos y los compromisos de tiempo para los desarrolladores de proyectos. Un organismo similar en Colombia, que esté por ejemplo bajo el MME o el DNP, ayudaría a mejorar la coordinación institucional y abordar la naturaleza más complicada de los proyectos de bioenergía. Una ventanilla única, que funcione a través del portal ProColombia, facilitaría también el desarrollo de proyectos y ayudaría a atraer inversiones extranjeras para adiciones de bioenergía, al tiempo que ayudaría a reducir el tiempo y los costos del desarrollador. También se podrían agregar características adicionales a este portal, de modo tal que le permita enfocarse en proyectos de bioenergía a través de la plataforma para facilitar la intermediación entre proyectos planeados y propuestos con posibles inversionistas.

Referencias

ABCP (2021), *OECD communication with the Brazilian Portland Cement Association (Associação Brasileira de Cimento Portland, ABCP).* [4]

Arcadis (2021), *Designing a sustainable waste management program in Chile*, Canadian Ministry of Environment and Climate Change and the Chilean Ministry of Climate Change, https://www.arcadis.com/en/projects/north-america/canada/can-chile (accessed on 4 October 2021). [14]

Asocaña (2021), *Annual Report (Informe Annual) 2020-2021*, Colombian Sugarcane Growers Association (Asociación de Cultivadores de Caña de Azúcar, Asocaña), https://www.asocana.org/documentos/1782021-3772D9B2-00FF00,000A000,878787,C3C3C3,FF00FF,2D2D2D,A3C4B5.pdf (accessed on 8 September 2021). [18]

CCAC (2021), *Chile and Canada Partner to Reduce Emissions from the Waste Management Sector*, Climate and Clean Air Coalition (CCAC), https://www.ccacoalition.org/en/news/chile-and-canada-partner-reduce-emissions-waste-management-sector (accessed on 4 October 2021). [15]

CCC (2016), "Cámara de Comercio de Cali", *Cali Chamber of Commerce (Cámara de Comercio de Cali, CCC) Rhythm Cluster (Ritmo Cluster)* 03, https://www.ccc.org.co/inc/uploads/informes-economicos/ritmo-cluster/3.pdf?__cf_chl_captcha_tk__=pmd_InPQWtyNiusgTdfX_gAHa6cilY8LFy.akEfLyB1rk7w-1632660979-0-gqNtZGzNAyWjcnBszQbl (accessed on 26 September 2021). [22]

Cemnet (2020), *A new destination for waste*, International Cement Review, https://www.cemnet.com/Articles/story/169339/a-new-destination-for-waste.html (accessed on 4 October 2021). [5]

CIFTCI (2021), *Turkey Introduces the New YEKDEM Scheme*, CIFTCI Attorney Partnership, https://www.ciftcilaw.com.tr/content/site-ycap/en/publications/recent-publications/turkey-introduces-the-new-yekdem-scheme/_jcr_content/parsys_article/download/file.res/Client%20Briefing_TURKEY%20INTRODUCES%20THE%20NEW%20YEKDEM%20SCHEME.pdf (accessed on 27 September 2021). [35]

da Silva, R., R. Chaves S. G. Francisco and A. Lopes (2017), "Co-processing of Scrap Tires and Waste from the Re-refining of Used Lube Oil in Cement Kilns", *International Journal of Engineering and Applied Sciences*, Vol. 4/6, https://media.neliti.com/media/publications/257451-co-processing-of-scrap-tires-and-waste-f-c3ca228a.pdf (accessed on 4 October 2021). [6]

Erkul, N. (2021), *Clean power investments in Turkey reach $66B, creating 53% of electricity capacity*, https://www.aa.com.tr/en/energy/renewable/clean-power-investments-in-turkey-reach-66b-creating-53-of-electricity-capacity/33610 (accessed on 5 October 2021). [36]

Erkul, N. (2021), *Turkey's renewable sector to attract $3B fund in 2021*, https://www.aa.com.tr/en/energy/finance/turkeys-renewable-sector-to-attract-3b-fund-in-2021/31845 (accessed on 29 September 2021). [37]

Ersin, B., E. Arseven and C. Baydar (2016), *Energy Investments Tracking And Coordination Board Established In Turkey*, Moroglu Arseven, https://www.mondaq.com/turkey/oil-gas-electricity/475254/energy-investments-tracking-and-coordination-board-established-in-turkey (accessed on 5 October 2021). [38]

FAO (2021), *Turkey at a glance - FAO in Turkey*, Food and Agriculture Organization (FAO) of the United Nations, http://www.fao.org/turkey/fao-in-turkey/turkey-at-a-glance/en/ (accessed on 5 October 2021). [30]

FAO (2016), *BEFS Assessment for Turkey: Sustainable bioenergy options from crop and livestock residues*, Food and Agriculture Organization (FAO) of the United Nations, Rome, https://www.greengrowthknowledge.org/sites/default/files/downloads/resource/FAO_EBRD_Bioenergy%20and%20Food%20Security%20Assessment%20for%20Turkey.pdf (accessed on 27 September 2021). [33]

Gönül, Ö. et al. (2021), "An assessment of wind energy status, incentive mechanisms and market in Turkey", *Engineering Science and Technology, an International Journal*, http://dx.doi.org/10.1016/J.JESTCH.2021.03.016. [34]

Government of Brazil (2021), *R$ 100 million public notice opened for works under the Lixão Zero programme in Minas Gerais (Aberto edital de R$ 100 milhões para obras do programa Lixão Zero em Minas Gerais)*, Government of Brazil, Ministry of Environment (Ministério do Meio Ambiente), https://www.gov.br/mma/pt-br/assuntos/noticias/aberto-edital-de-r-100-milhoes-para-obras-do-programa-lixao-zero-em-minas-gerais (accessed on 4 October 2021). [10]

Government of Canada (2021), *Canada's international climate finance*, Canada's international action, https://www.canada.ca/en/services/environment/weather/climatechange/canada-international-action/climate-finance.html (accessed on 30 September 2021). [16]

Gutberlet, J., T. Bramryd and M. Johansson (2020), "Expansion of the Waste-Based Commodity Frontier: Insights from Sweden and Brazil", *Sustainability*, Vol. 12/7, http://dx.doi.org/10.3390/SU12072628. [9]

IEA (2021), *Tracking Clean Energy Progress: Cement*, International Energy Agency (IEA), https://www.iea.org/reports/cement (accessed on 4 October 2021). [1]

IEA (2021), *Turkey 2021*, IEA, Paris, https://www.iea.org/reports/turkey-2021 (accessed on 27 September 2021). [32]

IEA (2020), *Turkey*, Electricity Information, https://www.iea.org/countries/turkey (accessed on 28 September 2021). [39]

IFC (2017), *Increasing the Use of Alternative Fuels at Cement Plants: International Best Practice*, International Finance Corporation (IFC), Washington, D.C., https://www.ifc.org/wps/wcm/connect/33180042-b8c1-4797-ac82-cd5167689d39/Alternative_Fuels_08+04.pdf?MOD=AJPERES&CVID=lT3Bm3Z (accessed on 4 October 2021). [2]

Lima Cortez, C. and J. Goldemberg (2016), *Cement Technology Roadmap: Alternative Fuels for Cement Sector in Brazil*. [11]

Manuelita (2018), *Manuelita aumenta la generación y venta de energía eléctrica renovable en Colombia | Manuelita*, Manuelita Noticias, https://www.manuelita.com/manuelita-noticias/manuelita-aumenta-la-generacion-y-venta-de-energia-electrica-renovable-en-colombia/ (accessed on 10 September 2021). [21]

Manuelita (2014), *Manuelita completes 150 years producing much more than sugar (Manuelita completa 150 años produciendo mucho más que azúcar)*, https://manuelita.com/manuelita-noticias/manuelita-completa-150-anos-produciendo-mucho-mas-azucar/ (accessed on 4 October 2021). [20]

MIIM and EAC (2020), "India Renewable Energy Opportunities", *Made in India Mittlestand (MIIM) and EAC International Consulting*, https://www.energyforum.in/fileadmin/user_upload/india/media_elements/misc/20200000_Misc/20200430_LR_MIIM_Webinar/PPT_EAC_India_Renewable_Energy_Opportunities.pdf (accessed on 4 October 2021). [29]

Ministerio del Medio Ambiente (2020), *Programa Reciclo Orgánicos: los principales hitos a dos años de su lanzamiento – MMA*, Noticias, https://mma.gob.cl/programa-reciclo-organicos-los-principales-hitos-a-dos-anos-de-su-lanzamiento/ (accessed on 29 September 2021). [13]

MNRE (2021), *Bioenergy - Current Status*, Government of India, Ministry of New and Renewable Energy (MNRE), https://mnre.gov.in/bio-energy/current-status (accessed on 4 October 2021). [25]

MNRE (2021), *New National Biogas and Organic Manure Programme*, Government of India, Ministry of New and Renewable Energy (MNRE), https://biogas.mnre.gov.in/about-the-programmes (accessed on 4 October 2021). [26]

MNRE (2021), *Physical Progress in 2020-21*, Government of India, Ministry of New and Renewable Energy (MNRE), https://mnre.gov.in/the-ministry/physical-progress (accessed on 4 October 2021). [24]

OECD (2021), *OECD Economic Surveys: Turkey 2021*, OECD Publishing, Paris, https://dx.doi.org/10.1787/2cd09ab1-en. [31]

Parra, N. (2018), *Bio Energía Los Pinos de Penco plant expansion approved: it will pass from 2.8 to 9 megawatts (Aprueban ampliación de planta Bio Energía Los Pinos de Penco: pasará de 2,8 a 9 megawatts)*, Biobiochile, https://www.biobiochile.cl/noticias/nacional/region-del-bio-bio/2018/02/20/aprueban-ampliacion-de-planta-bio-energia-los-pinos-de-penco-pasara-de-28-a-9-megawatts.shtml (accessed on 4 October 2021). [17]

Project Reporter (2018), *Verbio to set up RS 100 Crore Bio-gas Plant in Sangrur*, https://projectreporter.co.in/prnews.aspx?nid=5561 (accessed on 4 October 2021). [28]

SNIC (2019), *Cement Technology Roadmap (Roadmap Tecnológico do Cimento)*, National Cement Industry Union (Sindicato Nacional da Indústria do Cimento), Rio de Janeiro, http://snic.org.br/assets/pdf/roadmap/roadmap-tecnologico-do-cimento-brasil.pdf (accessed on 4 October 2021). [3]

Souza, L. (2019), *Brazil generates 79 million tons of solid waste every year*, Agência Brasil, https://agenciabrasil.ebc.com.br/en/geral/noticia/2019-11/brazil-generates-79-million-tons-solid-waste-every-year (accessed on 4 October 2021). [7]

Stewardson, L. (2019), *Cementos Argos increases waste co-processing capacity in Colombia*, World Cement, https://www.worldcement.com/the-americas/10052019/cementos-argos-increases-waste-co-processing-capacity-in-colombia/ (accessed on 4 October 2021). [12]

UPME (2015), *Integration of non-conventional renewable energy in Colombia (Integración de las energías renovables no convencionales en Colombia)*, Planning Unit of the Ministry of Mines and Energy (Unidad de Planeación Minero Energética, UPME), http://www.upme.gov.co/Estudios/2015/Integracion_Energias_Renovables/INTEGRACION_ENERGIAS_RENOVANLES_WEB.pdf (accessed on 16 September 2021). [23]

Verbio (2021), *VERBIO AG - Company Close-Up*, https://www.verbio.de/en/group/company-close-up/ (accessed on 4 October 2021). [27]

Votorantim (2019), *Urban Waste as a Source of Energy for our Plants*, Votorantim Cimentos, http://www.votorantimcimentos.com/en-US/media-center/news/Pages/Urban-Waste-as-a-Source-of-Energy-for-our-Plants.aspx (accessed on 4 October 2021). [8]

Zafar, S. (2020), *Cogeneration of Bagasse*, BioEnergy Consult, https://www.bioenergyconsult.com/cogeneration-of-bagasse/ (accessed on 4 October 2021). [19]

Notas

[1] Para más información, véase: https://www.wbcsd.org/Sector-Projects/Cement-Sustainability-Initiative.

[2] Para más información, véase: http://www.braziliannr.com/brazilian-environmental-legislation/law-no-12305-brazilian-national-policy-solid-waste/.

[3] Para mayor información, (en portugués), véase: https://www.areaseg.com/conama/1999/264-1999.pdf.

[4] Para mayor información, (en portugués), véase: http://www.mp.go.gov.br/portalweb/hp/9/docs/rsulegis_12.pdf.

[5] Para mayor información, véase: https://www.in.gov.br/en/web/dou/-/lei-n-14.026-de-15-de-julho-de-2020-267035421.

[6] Para mayor información, véase: https://www.in.gov.br/en/web/dou/-/resolucao-conama/mma-n-499-de-6-de-outubro-de-2020-281790575.

[7] Para más información (en español): https://www4.unfccc.int/sites/ndcstaging/PublishedDocuments/Chile%20First/Chile%20INDC%20FINAL.pdf.

[8] Para mayor información, véase: https://reciclorganicos.com/en/.

[9] Para mayor información (en español), véase: http://seia.sea.gob.cl/expediente/ficha/fichaPrincipal.php?modo=ficha&id_expediente=2132658501.

[10] Para mayor información, véase: https://www.canada.ca/en/environment-climate-change/corporate/international-affairs/partnerships-countries-regions/latin-america-caribbean/canada-chile-environmental-agreement/overview.html.

[11] Para mayor información, véase: https://www.oecd.org/cefim/cross-cutting-analysis/DEEP.htm.

[12] Para mayor información, véase: https://www.oecd.org/cefim/cross-cutting-analysis/ICP.htm.

[13] Nota : los biocombustibles como la biogasolina y el biodiesel son igualmente utilizados comúnmente en India, por ejemplo para el transporte de carretera y representaron mas de 875 mil toneladas de petróleo equivalente en el consumo final de energía en 2018 (IEA, 2020).

[14] Para mayor información, véase: https://mnre.gov.in/bio-energy/schemes.

[15] Para mayor información, véase: https://www.ireda.in/waste-to-energy.

[16] Para mayor información, ver: https://investpunjab.gov.in/home.

[17] Para mayor información, véase: https://mopng.gov.in/en/pdc/investible-projects/alternate-fuels/sustainable-alternative-towards-affordable-transportation.

[18] The National Renewable Energy Action Plan (NREAP) (El Plan de Acción de Energía Renovable Nacional) , presentado bajo la Directiva 2009/28/ EC, que establece estrategias para promover el Desarrollo de energía renovable en Turquía.

[19] Publicado en la Gaceta Oficial en 2011, el Mecanismo de Apoyo de Energía Renovable (Yenilenebilir Enerji Kaynakları Destekleme Mekanizması, YEKDEM), proporciona tarifas de alimentación para plantas de energía renovable, incluyendo eólicas, solares, de biomasa, hidroeléctricas, y geotérmicas. El Decreto presidencial publicado el 18 de septiembre 2020, amplió el periodo de implementación del esquema YEKDEM, por seis meses hasta el 30 de junio 2021 debido a retrasos por la pandemia del COVID-19. Más información disponible: https://www.epdk.gov.tr/Detay/Icerik/3-0-0-122/yenilenebilir-enerji-kaynaklari-destekleme-mekanizmasi-yekdem

[20] Decreto No. 3453 publicado en la Gaceta Oficial No. 31380 el 30 de enero de 2021, esbozando el Nuevo Mecanismo de Soporte de Energía Renovable (YEKDEM). Este presenta el nuevo esquema de tarifas de alimentación que aplicarán a las plantas de energía renovable que entren en operación entre el 1 de julio de 2021 y el 21 de diciembre de 2025. Más información disponible https://www.epdk.gov.tr/Detay/Icerik/3-0-0-122/yenilenebilir-enerji-kaynaklari-destekleme-mekanizmasi-yekdem.

[21] Decisión sobre Ayuda Estatal en Inversiones en 2012: hidroeléctricas, eólicas, de biomasa, geotérmicas y solares, todas caen bajo el alcance del sistema de incentivos generales. Las inversiones deben ser de por lo menos TRY 1 millón (alrededor de USD 172 mil) en la 1a y 2da regiones, y por lo menos TRY 500 mil (USD 86 mil) en las regiones, 3a, 4ta, 5ta y 6ta.

[22] VERRA – Estándar Verificado de Carbono. Mas información en: https://verra.org/.

[23] Mas información, ver: https://registry.verra.org/app/projectDetail/VCS/2347.

[24] Calculado de acuerdo con la tasa de cambio USD-to-TRY 30 de enero 2021, que era USD/TRY: 7.31

[25] Declaración No. 2017/22 sobre el Programa de Apoyo a las Inversiones de Desarrollo Rural del Ministerio de Agricultura, Alimentos y Ganado

www.ingramcontent.com/pod-product-compliance
Lightning Source LLC
LaVergne TN
LVHW080657011026
849160LV00014B/1462